Andreas Austilat · Günther Bellmann · Michael Winteroll

TAGESTOUREN
UM BERLIN

Ausflüge ins Umland – Band 1

W0235929

Andreas Austilat · Günther Bellmann · Michael Winteroll

TAGESTOUREN UM BERLIN

Ausflüge ins Umland – Band 1

Herausgegeben von Andreas Austilat

nicolai

Bildnachweis

A. Austilat: S. 15, 16, 112, 131, 132

G. Bellmann: S. 35, 40, 50, 60, 79, 92, 125

Fotostudio Böttcher: S. 9

Gerhard Hoffmann: S. 98

Ullstein Bilderdienst Berlin: S. 83

M. Winteroll: S. 20, 25, 26, 31, 32, 45, 55, 65, 73, 89, 103, 118, 137

Karten

Anna Kroupa & Fabian Bartel

(Tagesspiegel/Infografik): S. 21, 36, 50

9., überarbeitete Auflage 2002

© 1998 by Nicolaische Verlagsbuchhandlung GmbH, Berlin

Alle Rechte vorbehalten

Satz und Repro: LVD GmbH, Berlin

Druck und Bindung: Clausen & Bosse, Leck

ISBN 3-87584-132-8

ZUR AKTUALISIERTEN AUSGABE

Dies ist ein Reiseführer der etwas anderen Art. Einer, der nicht bloß in knappen Worten Sehenswürdigkeiten abhakt, sondern einer, der Geschichten erzählt. Damit man sich schon vor der Reise ein Bild machen kann. Und, dies ist ein Reiseführer, der selbst schon eine Geschichte hat. Die ging im Januar 1990 los, als die erste der sonntags in der Zeitung »Der Tagesspiegel« veröffentlichten »Tagestouren um Berlin« erschien. In den folgenden zehn Jahren wurden es über hundert, viele davon in drei erfolgreichen Bänden veröffentlicht. Aber was wir in unseren ersten Ausflügen registrierten, ist heute längst passee. Brandenburg im Jahr 1990 war ein Land »der angehaltenen Zeit«, wie ein Feuilletonist an anderer Stelle schrieb, die Fahrt auf märkischen Alleen geriet zur Reise in die Vergangenheit.

Wir haben das Vorwort der ersten Auflage übernommen, um zu dokumentieren, wie man sich damals auf Entdeckungsreise fühlte. Doch die Tagestouren sollen keine bloße »Chronik des Wandels« sein, sondern auch praktikabler Reiseführer. Für diese jetzt schon vierte überarbeitete Auflage der ersten beiden Bände haben wir deshalb wie schon in den vorangegangenen Neuauflagen jeweils fünf Ausflüge durch neue ersetzt, die übrigen gründlich überarbeitet und aktualisiert.

Ein Wort noch zur Anreise: Das Angebot der Bahn verändert sich praktisch ständig, wir haben deshalb zwar Verbindungen genannt, auf die Angabe von Abfahrtszeiten aber verzichtet. Ähnliches gilt für Eintrittspreise. Wir haben lieber Kontaktadressen genannt, über die sich, wer sicher gehen will, telefonisch informieren kann.

Berlin im Januar 2002   *Andreas Austilat*

ETAPPEN DES WANDELS

»Wer hätte das gedacht?« So staunte Peter Becker im Januar 1990. Mit der dem Insulaner damals eigenen Unerfahrenheit war er in ein fremdes Deutschland gereist. In Treuenbrietzen, 40 Kilometer vor Berlin, entdeckte er verschüttete Spuren alter Schulweisheit, erstaunlich lebendige Zeugnisse märkischer Vergangenheit.

Na und, mag mancher heute denken. Warum auch nicht? Doch so selbstverständlich war es nicht, dass nach zwei Weltkriegen in einem Jahrhundert eine Geschichtslandschaft sichtbar wird, die weit älter ist als 40 Jahre real existierender Sozialismus, deren Chronist Theodor Fontane in diesem Jahrhundert gleich mehrfach endgültig gestorben schien: 1914, als für Preußens Landadel der Anfang vom Ende begann, und 1945, als die siegreiche Rote Armee über die Seelower Höhen stürmte, Brandenburgs Herrensitze und Brandenburgs Dorfkirchen plötzlich auf Deutschlands vorletztem Schlachtfeld standen, vor dem Finale in Berlin.

40 Jahre Sozialismus waren überdies alles andere als ein Garant für den Erhalt einer Bausubstanz, die nicht zuletzt durch Fontane so eng mit Alt-Preußen verbunden war, dass jedes Gedenken den Protagonisten einer klassenlosen Gesellschaft ein Graus gewesen sein musste. Denn wenn Fontane sein Preußen schilderte, dann ohne den Blick auf das soziale Elend der ostelbischen Hintersassen zu richten.

Und so stand die DDR dem Besucher für Marzahn und Plaste und Elaste aus Schkopau, für Hohenschönhausen und den Palast der Republik, auch wenn der Alte Fritz schließlich wieder Unter den Linden reiten durfte. Herrensitze, wie der von Prötzel am Blumenthal, sahen derweil aus, als ob die Rote Armee eben erst die Fassade unter Feuer genommen hätte. Und in Paretz verwandelte die nahe LPG das Gilly-Schlösschen in einen Zweckbau. Doch wenn ganze Städte bröckeln, wo sollte da das Geld herkommen für Schlösser und Gärten oder auch nur für eine Dorfkirche?

Die Skepsis reiste also mit in jenen Januartagen 1990, und es war keine Geringschätzung, mit der Peter Becker »Stolperpflaster und Fassadengrau« beschrieb. Doch der kritische Blick wich schnell einem ganz anderen Eindruck. Im Schatten mächtiger Alleebäume geriet die Fahrt zum Film.

Oft für Momente nur tauchten auf Streifzügen durch die Mark Bilder aus der Kindheit auf. Von Reisen auf dem Rücksitz, als Vaters Wagen noch im Zweitakt-Rhythmus knatterte. Durch Dörfer, wie es sie in der Lüneburger Heide oder im Bayerischen Wald längst nicht mehr gibt.

Und wer vielleicht nur in Ermangelung eines geeigneten Reiseführers zu Fontane griff, konnte verblüffende Entdeckungen machen. Da stand im Dorf noch immer die Linde, in deren Schatten er vor über 100 Jahren seine märkischen Beobachtungen notierte.

Doch was im Januar 1990 galt, im Mai oder im Oktober, hat heute nicht immer Bestand. Schon werden die Entdeckungen seltener, weicht aber auch das Fassadengrau einem neuen Anstrich. Und natürlich haben wir die Tagestouren, die seit Januar 1990 im »Tagesspiegel« erschienen, aktualisiert, Rheinsberg ein weiteres Mal besucht.

Wer aber genau liest, der wird sie noch bemerken, die Etappen des Wandels. Dem vorsichtigen Kratzen an der Oberfläche auf der Fahrt nach Treuenbrietzen folgte bald die Therapie der »Claustrophobia Berolinensis«, wie Michael Winteroll das Leiden der Mauerstädter nannte. Ein Krankheitsbild, das in ähnlicher Form wohl jedem Großstädter bekannt sein dürfte.

Mit dem geschärften Blick für den eigentümlichen Reiz der Landschaft wuchs auch das Interesse an ihrer Literatur, ihrer Geschichte. Michael Winteroll las Peter Huchel und entdeckte den »Zauber der Zauche«, eine Landschaft, deren Name beinahe vergessen schien, ein

Autor, der mit seinem Gedichtband »Chausseen, Chausseen« wie kein anderer die Schönheit märkischer Alleen beschrieben hat. Und Günther Bellmann übersandte »Nachrichten aus der preußischen Provinz«, reiste dem Alten Fritz hinterher, auf der Königsstraße durch Barsikow, Walchow und Vichel.

Fast könnte man glauben, die DDR habe durch Nichtbeachtung einiges zum Erhalt der Landschaft und ihrer Bauten getan, keine oder unzureichende Denkmalpflege gewährleiste zumindest den Bestand von Originalität. Und die Marktwirtschaft mit ihrer Flurbereinigung und einer profitablen Freizeitkultur, die eng mit Golfplätzen und Erlebnisparks verknüpft ist, werde der gerade erst wiederentdeckten Geschichts- und Literaturlandschaft bald den Garaus machen. Schon müssen wir registrieren, wie an der Peripherie selbst kleiner Städte Baumärkte und Spielhallen, Autoplätze und Möbelhäuser entstanden sind.

Doch Nostalgie und Sentimentalität schlagen in Ignoranz um, wenn man darüber den inzwischen abgeschalteten Atommeiler in Rheinsberg vergisst, das gesprengte Berliner Stadtschloss, den Verfall des Holländischen Viertels in Potsdam.

Und Erinnerungen an die Kindheit waren nur deshalb möglich, die Vergangenheit nur deshalb mehr schlecht als recht konserviert, weil knappe Ressourcen, der allgegenwärtige Mangel, jedweden Fortschritt nicht zuließen.

Nun gilt es aber zu leisten, was vielen unmöglich scheint. Den Beweis zu erbringen, dass Fortschritt und Entwicklung nicht nur um den Preis der Zerstörung zu haben sind. Für den Reisenden heißt das, einen sanften Tourismus zu üben. Wir wollen keine Vorschriften machen, haben die Straßenverbindungen zu den jeweiligen Tageszielen genannt. Doch ein Beitrag zur Rettung der Alleen kann die Benutzung öffentlicher Verkehrsmittel sein, denen wir in den Verkehrshinweisen den Vorzug gegeben haben. Aus einem weiteren guten Grund: Die Bahnen erlauben meist die Mitnahme eines Fahrrades, mit dem Rad sieht man in aller Regel mehr als mit dem Auto.

Ein Wort noch zur Verpflegung: Die Zeiten, in denen man lernen musste, wie früher zu reisen, mit Stullenpaket und Thermosflasche, sind schon wieder vorbei. Immer neue Restaurants entstehen, die Zahl der Ruhetage nimmt ständig ab. Doch auch hier gilt noch oder schon wieder, was Theodor Fontane im August 1864 schrieb:»Du musst nicht allzusehr durch den Komfort der großen Touren verwöhnt und verweichlicht sein« und »Reisen in der Mark ist alles andere eher als billig. Glaube nicht, weil Du die Preise kennst, die Sprache sprichst und sicher bist vor Kellnern und Vetturinen, dass Du sparen kannst.«

Und damit der Leser seinen Weg nicht negativ eingestimmt antritt, schnell noch ein Fontane-Zitat:»Du wirst Entdeckungen machen, denn überall, wohin Du kommst, wirst Du vom Touristenstandpunkt aus eintreten wie in ein jungfräuliches Land. Du wirst Klosterruinen begegnen, von deren Existenz höchstens die nächste Stadt eine leise Kenntnis hat, Du wirst inmitten alter Dorfkirchen, deren zerbröckelter Schindelturm nur auf Elend deutete, große Wandbilder oder in den treppenlosen Grüften reiche Kupfersärge mit Kruzifix und vergoldeten Wappenschildern finden; Du wirst Schlachtfelder überschreiten, Wendenkirchhöfe, Heidengräber, von denen die Menschen nichts mehr wissen, und statt der Nachschlagbuchs- und Allerweltsgeschichten werden Sagen und Legenden und hier und da selbst die Bruchstücke verklungener Lieder zu Dir sprechen.«

Berlin im Juli 1991   *Andreas Austilat*

LENIN GRÜSST IM WALD

Ein Rundgang durch die einstige Militärstadt Wünsdorf

Wünsdorf hat zwei Bahnhöfe. Der eine, »Waldstadt«, ist Haltestelle der Regionalbahn, die von hier in ein paar Minuten nach Berlin fährt. Der andere liegt gleich gegenüber und hatte einmal direkten Anschluss nach Moskau. Jetzt ist das einzige Gleis von Unkraut überwuchert, das Abfertigungsgebäude vermauert und der überlange Bahnsteig menschenleer. Nichts geht mehr, der letzte Zug nach Moskau hat die Station vor sieben Jahren verlassen.

Die 50-jährige Geschichte des Oberkommandos der Westgruppe der einst sowjetischen und am Ende russischen Streitkräfte endete am 9. September 1994, einem verregneten Freitagmorgen. Detlev Steinberg war einer der wenigen Augenzeugen der kleinen Zeremonie. Er beobachtete, wie Generaloberst Terentjew sich auf seinem einsamen Rundgang vor dem Haus der Offiziere noch einmal vor dem längst leeren Stabsgebäude verneigte, dann holte der letzte General der Garnison die weiß-blau-rote Fahne ein. Es gab keinen Tusch, keine Fanfare, keinen Salut. Und weil der Seilzug am Fahnenmast gerissen war, hatte man das Tuch der Einfachheit halber an einem Kartenständer befestigt.

Steinberg betrat als einer der Ersten die nun verwaiste Kommandantur. Im Stab des Wachregiments glühten noch die Lämpchen der Telefonzentrale, man hatte vergessen, sie abzuschalten. Am Tableau des Diensthabenden brannte das Lämpchen »Kampfalarm«, und in der Kantine lag noch das Brot auf dem Tisch. Tief unten im Kommandobunker, den die Wehrmacht einst »Zeppelin« getauft hatte, hinterließ ein Soldat seinen Abschiedsgruß in kyrillischen Buchstaben an der Betonwand: »Wir wussten, dass es schlimm werden würde, aber wir wussten nicht, dass es so schnell kommen würde.« So endete der größte Truppenabzug der Militärgeschichte.

Auf diesem Bahnsteig also haben sie gesessen, mit Sack und Pack, Frauen, Kinder und Männer, manche in Uniform, andere in ihren hellblauen Trainingsanzügen. Jeden Abend ging ein Zug auf die zweieinhalbtägige Reise. Das Stationsgebäude ist mit Graffiti beschmiert, »jedem das Seine und mir das meiste«, hat einer auf Deutsch an die Wand geschrieben.

Gegenüber der Station steht noch immer das Hotel, ein zweistöckiger Plattenbau, in dem jene, die das Quartier schon geräumt hatten, auf die Abreise warteten. Heute sind auch hier die Fenster vernagelt. Und natürlich ist der afghanische Marketender längst weg, den ich vor sieben Jahren an der Ecke inmitten seines Sortiments aus billigen Tauchsiedern und Transistorradios antraf. Der Mann hatte schon den Rückzug der Sowjets aus Kabul mitgemacht, nun ist er der Truppe wohl ein weiteres Mal gefolgt.

Zwischen Kiefern und Birken verfallen Garagen und Kasernen der einst größten russischen Garnison auf deutschem Boden, in der nach unterschiedlichen Schätzungen zwischen 30 000 und 70 000 Menschen lebten. Und doch ist dies keine Geisterstadt – im Gegenteil. In frischen Farben leuchtet neues Leben zwischen den Bäumen. In die sanierten Blöcke sind die »Waldstädter« gezogen, Bewohner jenes ehrgeizigen und nicht unumstrittenen Projekts, das das Land Brandenburg hier angeschoben hat.

Posten gibt es immer noch in Wünsdorf. Wachschützer verteidigen heute jene Teile des militärischen Erbes, die sich hinter Zäunen bemerkenswert gut erhalten haben. Von der Hauptallee aus in Richtung Teupitz gesehen links steht immer noch das Stabsgebäude mit dem riesigen Balkon. Gegenüber liegt der Sportplatz mit dem Haus der Offiziere. Wie vor sieben Jahren grüßt der überlebensgroße Lenin den zaristischen Adler am anderen Ende des Ovals. Und auch die russische Brotfabrik gleich hinter dem Café am Rondell steht unter Denkmalschutz, von der Laderampe runter blickt ein stilisierter Rotarmist.

LENIN GRÜSST IM WALD

An der Laderampe zur russischen Brotfabrik

Die neue Waldstadt ist zu einem Gutteil das Werk von Wolfgang Metz. Der war als »Landesbeauftragter« schon so etwas wie der Bürgermeister, als es hier noch gar keine Bürger gab. Metz war von Anfang an überzeugt davon, dass es mehr braucht als ein paar hübsch sanierte Häuser, um Leute in den Wünsdorfer Wald zu locken. So kam er zum Beispiel auf die Idee mit der Bücherstadt. Vorbild war das walisische Hay-on-Wye, wo der Brite Richard Booth in den sechziger Jahren die erste Antiquariatsstadt gründete. Mehr als ein Dutzend Nachahmer hat das Konzept bisher in aller Welt. Metz fand Mitstreiter in Wünsdorf. Ein Dutzend Antiquare haben sich inzwischen im einstigen Badehaus niedergelassen, in dem schon Hitlers Wehrmacht kompanieweise duschte. Noch ein paar mehr haben Dependancen in der Umgebung bezogen, etwa im ehemaligen Postenhaus des »Fliegerstädtchens« der 16. Russischen Luftarmee. Von der Luftarmee blieb eine Leninbüste, und ein paar Meter weiter steht ein übergroßer und frisch restaurierter Pilot im Wald, von dem manche behaupten, er sei Juri Gagarin. Andere halten ihn für German Titow, tatsächlich ist es wohl nur die Statue des unbekannten Fliegers.

LENIN GRÜSST IM WALD

Metz war so sehr von seinem Konzept überzeugt, dass er seinen Job im öffentlichen Dienst kündigte und sich hier als geschäftsführender Gesellschafter der Bücherstadt-Tourismus-GmbH selbstständig machte. Vor seinem geistigen Auge sieht er hier Verlage und Werkstätten entstehen. Die Bücherstadt soll sich noch erweitern. Und in die benachbarten Ställe, in denen schon die Pferde der kaiserlichen Kavallerie standen, sind das Museum zur deutschen Standortgeschichte sowie ein Motorradmuseum eingezogen.

Die Ställe sind die ältesten Überreste der rund 90-jährigen Militärgeschichte Wünsdorfs und bezeugen quasi vor der Haustür der Neubürger eine Etappe dieser Geschichte. Die martialischsten Monumente sind die gesprengten Überreste der Spitzbunker des Zweiten Weltkriegs. An ihren raketengleich emporgestreckten Türmen sollten Fliegerbomben abprallen. Nun liegen sie bis auf wenige erhalten gebliebene Exemplare geborsten in den Grünanlagen der Waldstadt. Spazierwege führen über die Trümmer, obenauf thronen Ruhebänke, und auf

Der letzte Zug ist längst weg: Bahnsteig des russischen Garnisonsbahnhofs

einer Spitze steht in kyrillischen Lettern »Wolgograd«, eine Erinnerung an die Vormieter.

Ein bisschen weiter hat der Wald die teilzerstörten Dächer der Wehrmachtsbunker »Maybach eins« und »Maybach zwei« verschlungen. In den weit verzweigten Bunkeranlagen war seit den dreißiger Jahren des vorigen Jahrhunderts das deutsche Oberkommando des Heeres. Heute sehen sie aus wie die überwucherten Trümmer einer prähistorischen Stadt. Metz weiß um die merkwürdige Anziehungskraft dieses Ortes. Jedes Wochenende führt die Tourismus-GmbH durch die Bunkeranlagen.

Natürlich sind alle Bunker leer. Ein paar verrostete Rohrpoststränge sind geblieben von der Nachrichtenzentrale, die im Zweiten Weltkrieg Kontakt zu allen Kriegsschauplätzen hielt. Und die Kojen der Rotarmisten, die hinter ABC-Schutztüren den Dritten Weltkrieg hätten führen sollen, haben blasse Streifen an den Wänden hinterlassen. Ein paar Bilder erzählen von den alten Nutzern, viel mehr sollen es noch werden. Bis dahin muss Ingrid Grünberg der Phantasie der geführten Gruppe auf die Sprünge helfen. Und manche Teilnehmer tragen das ihre bei. Von der Panzerschule des Heeres erzählt sie, »Panzerregiment Nummer sechs«, brummt ein älterer Herr. »Nummer fünf«, korrigiert ihn Horst Rosenhahn und erzählt, wie sein Cousin hier den letzten Schliff erhielt, bevor er auf dem Bahnhof Wünsdorf verladen wurde, nach Nordafrika, in den Krieg.

Rosenhahn ist hier in der Nähe aufgewachsen, später zog er nach Berlin-Lichterfelde, nun ist er wieder hier, als Waldstädter. Begeistert erzählt er von seiner neuen Wohnung, von den Alleen und den gepflegten Anlagen der neuen Stadt. Drüben, auf der Wünsdorfer Seite des Bahndamms, teilen nicht alle die Begeisterung. Ginge ja nicht an, dass die hier alles gemacht kriegten. Sie wären ja nun auch mal dran, bemerkt eine ältere Dame ein wenig spitz. Wo doch der Abzug der Russen ohnehin schon den alten Wünsdorfern und ihren Geschäften schwer geschadet hätte. Die Soldaten bekamen nämlich zum Schluss ihren Sold in Valuta ausgezahlt.

Rosenhahn kümmert das nicht. Er freut sich über seine

Wohnung im Grünen. Manchmal fährt er mit dem Rad rüber ins verlassene Stadion der Garnison, da sitzt er dann auf den verfallenen Rängen, »mitten in der Geschichte«.

Diese Geschichte, glaubt Wolfgang Metz, ist der größte Trumpf der Waldstadt. Und den pflegt er mit Hilfe des Wünsdorfer Museumsvereins. Sehenswertes Ergebnis ist die Ausstellung im Haupthaus der Bücherstadt. Dort wird die Geschichte der russischen Militärstadt erzählt. Im Obergeschoss geht es um den russischen Soldatenalltag, illustriert mit Tellermützen und Telefonen, Blechnäpfen aus der Arrestzelle und Bildtafeln mit Musterhaarschnitten für Rekruten. Die Ausstellung hatte schon einmal ein provisorisches Domizil in der Villa des letzten Oberkommandierenden Burlakow. Robert de Niro schrieb am 6. März 1998 ins Gästebuch, dass er froh sei, sie zu sehen, bevor alles verschwände. Die Sorge war unbegründet.

Andreas Austilat

TIPPS ZUR TOUR

Wünsdorf erreicht man mit der Regionalbahn, zum Beispiel ab S-Bahnhof Blankenfelde. Mit dem Auto auf der B 96. Die Bücherstadt, Gutenbergstraße 1, ist von Donnerstag bis Montag 10 bis 18 Uhr geöffnet. Führungen durch die Bunkeranlagen gibt es samstags, sonntags und feiertags von 12 bis 16 Uhr stündlich, montags bis freitags um 14 Uhr. Rundfahrten durch den ehemaligen Standort werden sonntags um 13 und 14 Uhr angeboten.

Das Museum »Russischer Soldatenalltag« ist zu den Öffnungszeiten der Bücherstadt zu besichtigen; das neue Museum zur deutschen Standortgeschichte ist von Montag bis Freitag 13 bis 17 Uhr und samstags, sonntags 10 bis 18 Uhr geöffnet. Das Motorradmuseum samstags und sonntags von 11 bis 18 Uhr.

Weitere Informationen, etwa über den Musiksommer in der Bücherstadt unter (03 37 02) 96 00 oder im Internet unter www.buecherstadt.de oder www.garnisonsmuseum.de; zu Sonderveranstaltungen im Motorradmuseum unter www.motorradmuseumb96.de.

DER SÜSSE DUFT
NACH ÜBERREIFEN PFLANZEN

Preußens ältestes Naturreservat liegt in der Uckermark

Stadt und Land. Auch so ein Thema. Man schätzt einander nicht gerade. »Landei« ist noch das Freundlichste. Früher hieß es wechselseitig »Stadtfrack« und »Bauerntölpel«. Dabei sind es die Städter, die immerfort irgendwas haben wollen von den Landmenschen. Im Moment gerade naturbelassene Lebensmittel, Bauplätze und sonntags Freiheit und Abenteuer. Heute ist Sonntag. Die Verkaufsstelle für die naturgesunden Landwaren hat geschlossen. Ökodorf Brodowin döst in mittäglicher Ruhe. Die Bauplätze liegen am anderen Ende des Ortes, zu Freiheit und Abenteuer geht es, bitteschön, kurz hinter dem Dorfkern rechts auf den Wald zu.

Ein Landweg mit alten Kopfweiden im weich zeichnenden Licht eines warmen Herbsttages, von einer Lieblichkeit, die den Städter bestürzt, unwillkürlich erwartet er, dass so etwas Eintritt kostet. Tut es aber nicht. Obendrein gibt es noch den schweren, süßen Geruch nach überreifen Pflanzen und satter Erde gratis. Dabei ist der Bauer doch grundgeizig, wie jeder Städter gerne weiß (»damals nachm Kriech, nich wa ...«) Da kamen sie alle gelaufen aus Berlin, boten die Glasperlen städtischer Perserteppiche gegen das Gold ländlicher Kartoffeln (»nüscht ham se uns jejeben, die Hunde ham se wollen losbinden ...«). So was hört man mitunter.

Der bucklige Fahrweg taucht in den Wald. Auf dem alten Pflaster wird Radfahren zur Qual, stabile Randstreifen sind selten, besser wäre man zu Fuß unterwegs. Freiheit und Abenteuer. Damals war wenig Freiheit, aber rasend viel Abenteuer. Die Erwachsenen haben immer gern von jenen Jahren erzählt, und ich, das Kind, konnte nicht genug davon hören. Kaum vorstellbar etwa, dass meine Großmutter, die nie ohne Hut und selten ohne

DER SÜSSE DUFT

Handschuhe ausging, auf dem Puffer eines Vorortzuges nach Kartoffelland geritten war!

Parsteiner See bei Brodowin

Das hätte ich auch gern mal gemacht, war aber streng verboten. Heute würde es mich weniger reizen, und mein Sohn weiß gar nicht mehr, was das ist, ein Puffer. Also Abenteuer light: Kleine Radtour um das Plagefenn. Der langsam austrocknende Plagesee mit seinen feuchten Uferbereichen liegt zwischen Chorin und Brodowin und steht seit 90 Jahren unter Naturschutz; es soll sich um das älteste Naturreservat Preußens handeln. Die botanische Broschüre aus dem Jahr 1913 erzählt von Linden mit vier Metern Umfang. Gesehen habe ich sie nicht, vielleicht war ich zu sehr mit Radfahren beschäftigt. Bloß, dass es um einen her wilder aussieht als andernorts, erkennt auch der Laie. Zum Schutz gehörte, dass die Förster auf Holzeinschlag verzichteten und Fallholz liegen ließen. »Die Jagd ruht auf Fenn und See, in Letzterem ruht auch die Fischerei«, formulierte die Broschüre seiner-

zeit feierlich. Seither wird schwarz geangelt. 176 Hektar
stellte man seinerzeit unter Schutz, die DDR hat das Ge-
biet noch vergrößert, aber noch früher, im 18. Jahrhundert, erstreckte sich die »Liepische Heide« über riesige
7000 Hektar.

Nach etwa einem Kilometer geht links ein Weg mit
Schranke und Fahrverbotsschild ab. In ihn biegen wir ein
und halten uns mit Ausnahme der allerersten Möglichkeit
nach 100 Metern von nun an bei jeder Abzweigung links.
Durch die Stämme leuchtet hellgrün die Entengrütze auf
den Waldpfuhlen. Nach etwa zwei Kilometern kreuzt ein
breiter Weg, bitte nach rechts. Gebirgig wird es jetzt, links
fällt das Gelände drei, vier Meter ab in den Sumpf, rechts
steigt der Berg an. Die Pilze duften. Nachher werde ich
Leute treffen mit Beutel, Messer und Suchblick, halb Jäger halb Sammler. Es geht ihnen augenscheinlich in erster Linie nicht ums Essen, sondern um das Glück des
Findens, darum, etwas nach Hause zu tragen, einzusa-
cken, zu hamstern eben. »Hamstern« lautete damals die
zentrale Vokabel. Und natürlich ging's ums Essen. In erster Linie. Aber die Augen der Teilnehmer leuchteten noch
nach 20 Jahren beim Erzählen – der Jagderfolg, das
Finderglück! Haarsträubende Geschichten: vom Rus-
senlaster mitgenommen unter der Plane, der hat Kar-

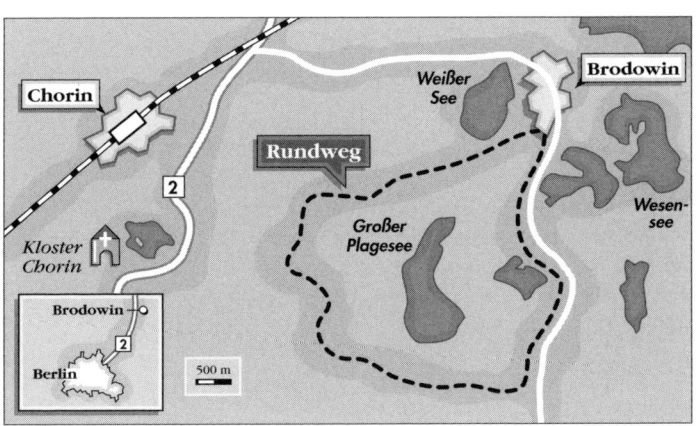

toffeln geladen, die wandern kiloweise in die eigene Tasche trotz Angst, dafür erschossen zu werden, wenn die Soldaten im Fahrerhaus das merken, die aber lachen bloß zum Abschied und schenken ein halbes Brot!

Der Waldweg stößt wieder auf so eine Katzenkopfstraße, wie jene, die uns in den Wald geführt hat: Nach links bitte!

Manchmal war das etwas schwierig mit dem Finden; es kamen ziemlich viele aus der Stadt auf die Dörfer, wo es schließlich auch nicht üppig zuging. Einmal reiste die Großmutter auf dem Wagendach bis nach Stendal, und zum Schluss gab's nichts als eine Handvoll Kartoffeln beim letzten Hof in einem elend langen Dorf.

Schließlich hört der Wald auf, und wir biegen nach links in eine Fahrstraße, die nach Brodowin zurückführt. Das zieht sich etwas, ist dafür aber, vorbei an Hügeln und Weiden, Schafen, Kühen und einem See, so recht nach Städters Gusto. Atmen Sie tief ein, jeder Schnaufer ist die Anfahrt wert. Vollwertatmen sozusagen. Vollwert, das verlangen wir Städter schließlich heute vom Land; mit einer Handvoll Kartoffeln, einfach so, ist es nicht mehr getan. Jede Krumbirne braucht einen Zettel um den Hals, der besagt, dass sie aufgewachsen ist wie zu Großmutters Zeiten. Meiner Oma damals war's egal, Hauptsache die Dinger machten satt.

Die Brodowiner haben sich darauf eingestellt, schneller als anderswo, und produzieren naturnah. Milch, Käse, Gemüse und Obst – alles darf, wer will, im Abonnement von hier beziehen: hamstern modern. Wer es so verbindlich nicht mag, kann die Produkte der Fleischerei auch auf Berliner Wochenmärkten kaufen. Einen Umweltpreis gab es schon mal für all diese Anstrengungen. Die Idee zum Wandel des Ortes stammt von dem Brodowiner Schriftsteller Reimer Gilsenbach: Markenartikel »Dorf« als Lebensversicherung für gefährdete Landwirte. Das könnte klappen, wenn, ja wenn die Brodowiner vor dem dritten Wunsch der Stadtleute, dem nach schönen Bauplätzen, fester die Ohren verschließen würden. Von Süden her kommend, sieht man sie schon, diese unschuldigen kleinen Parzellen mit diesen unschuldigen kleinen

Häuschen aus dem Katalog, davor die Berliner Autos. Sicher, noch sind es bloß ein paar, aber man rechne das Ergebnis von drei, vier Jahren hoch auf ein Jahrzehnt oder zwei ...; eine Überlandfahrt im Westdeutschen lehrt, wie das endet. Wäre die Strecke nicht so holperig, aufrichten würde ich mich im Sattel und die Hände ringen: »Lasset ab von Eurem Tun, Ihr Berliner! Nur im Märchen hat man drei Wünsche frei; und da geht es meist in die Hose! Begnügt Euch mit frischen Kartoffeln und einer Radtour am Sonntag!« Ach, vergebens wär's: Sanft mahlt der Betonmischer, die Sonne scheint, eine Kuh kaut Gras, und es guckt wieder kein Schwein!

Michael Winteroll

TIPPS ZUR TOUR Die beschriebene Tour hat eine Länge von zwölf Kilometern.

Mit der Regionalbahn gelangt man zum Bahnhof Kloster Chorin. Vom Bahnhof sind es etwa vier Kilometer nach Brodowin.

Mit dem Auto auf der Autobahn A2 Richtung Prenzlau bis Abfahrt Joachimsthal.

Wer mehr über das Ökodorf Brodowin erfahren möchte: Telefon (03 33 62) 3 02 oder 2 46. Der Laden ist auch am Samstag von 9 bis 14 Uhr geöffnet.

IM ZUCKELTRAB ZUM WILDEN REITER

Heute gibt es in Wustrau vor allem zahme Ponys

Hübsches Dorf am See samt Schloss, Kirche und Spaziergang? Kein Problem. Aber Kind mosert:»Laaankweilich!« Ist das Kind eine Tochter, hat das Lösungswort vier Buchstaben:»Pony« (erst bei Abfahrt aussprechen, sonst herrscht beim Frühstück Genörgel:»Wann fahr'n wa'n endlich?«). Das zweite Lösungswort könnte lauten: Wustrau (bei Neuruppin).

Angekommen, kriegen die Eltern einen Strick in die Hand gedrückt. Der endet an einem Kleinpferd, auf dem die junge Dame zu sitzen kommt. Kleiner Tipp: Kurze Leine, sonst denkt der Gaul, er kann mit Ihnen machen, was er will; der Verfasser weiß, wovon er redet.

Wohlan, auf geht's, am Seeufer entlang. Und damit es uns nicht öde wird beim Zuckeltrab, unterhalten wir den Nachwuchs mit einer Geschichte. Am besten mit der vom Wilden Reiter. Der hat nämlich auch in Wustrau zum ersten Mal auf dem Pferd gesessen. 1699 wurde er hier geboren. Hans Joachim hat er geheißen, von Zieten mit Familiennamen.

Und wieso war er wild, der Reiter? Als Hans Joachim ein junger Soldat war, wurden beim Militär wilde Reiter plötzlich Mode. Ja, auch das Militär kennt Moden. Herkömmliche Kavallerie galt für viele Aufgaben als zu schwerfällig. Die Feldherren schwärmten auf einmal für selbstständig handelnde Reiterverbände: Die sollten den Feind beobachten, seine Nachschubwege durcheinander bringen. Und auf dem Schlachtfeld als schnelle Eingreiftruppe herbeieilen, wenn die Reihen zu wanken begannen. So führte Preußen 1730 die Husaren ein. Hans Joachim von Zieten, anfangs bloß ein kleiner Schwadronführer, machte sie berühmt, die wilden Reiter. Er selbst wurde zur Legende.

**Schloss
Wustrau**

Wustraus Pony ist nicht wild. Es liebt das Kindertragen. Die Geschichte vom Wilden Reiter kennt es in- und auswendig und nickt daher beim Gehen ständig mit dem Kopf: »Ich weiß, ich weiß ...«

Am See liegt auch das Schloss. Das hat sich der Husaren-General gebaut. Fontane fand es einst noch voller Erinnerungsstücke. Einschließlich jenes blutig rostigen Säbels, mit dem sich der 61-Jährige herausgehauen hatte, als er auf Patrouille plötzlich von Feinden umzingelt war. Alles weg. Man kommt auch nur noch zu seltenen Terminen ins Haus. Hier werden heute Richter fortgebildet. Das hätte Hans Joachim gefallen. Er war sehr für Gerechtigkeit; bei Untergebenen war er deshalb beliebt.

Bei Vorgesetzten weniger. Ungünstige Beurteilungen: Keine Stimme zum Befehlen, zu klein gewachsen. Duell mit Vorgesetztem. Festungshaft. Entlassung aus der Armee. Immer wieder der Vorwurf, er könne keine Disziplin halten bei seinen Leulen. Zieten straft nicht gern. Bei den Wilden Reitern kann man keine abgerichteten Automaten brauchen.

IM ZUCKELTRAB

Die Karriere beginnt spät, mit Anfang 40, als Friedrich II. an die Regierung kommt. Zwanzig Jahre kämpft Zieten in allen Kriegen des Königs. Er ist kein großer Stratege. Geschichtsbücher führen ihn als »Meister des kleinen Krieges«: Schnelle Attacken, weiträumige Erkundungen sind seine Sache. Das Ungewöhnliche und die Überraschungseffekte werden zu seinem Markenzeichen. Herkömmliche Kavallerie braucht viel Platz, um sich zu entfalten, Zietens Wilde Reiter brechen zur Not auch aus einem Wald heraus, um den Feind von hinten zu packen: »Zieten aus dem Busch« wird ein geflügeltes Wort. Friedrich, der den Husaren mehr als einen Sieg verdankt, liebt Zieten geradezu. Für das Wustrauer Schloss schenkt er Holz und Steine. Als der Reiterführer schmollt und den Abschied nimmt, kommt der König höchstpersönlich nach Wustrau, um ihn umzustimmen. Auch zur Kindstaufe ist er später noch mal hier gewesen. Zieten, zehn Jahre älter als sein königlicher Dienstherr, stirbt im selben Jahr wie dieser, 1786.

Traditionstafel der Zieten'schen Husaren

Töchterchen ist im Stall gut aufgehoben. Genug Zeit für Kirche und Friedhof. Gleich vorn liegt Zietens Grab, dazu das des Vaters, der Mutter und der Gemahlin. Die zweite Frau. Bei der Hochzeit ist er 65, sie 25. Auf der Feier wird heftig getanzt. Dabei überrascht die betagte Exzellenz alle »durch seinen freien, geschmeidigen und schönen Anstand«, wie ein Augenzeuge zu berichten weiß. Wildes Reiten hält eben gelenkig.

Vom Kirchportal bis in den äußersten Winkel des Begräbnisfeldes läuft eine Art Zieten-Gedächtnisallee. Sie beginnt mit einer mächtigen Linde. Vielleicht aus den Kindertagen des Generals, jedenfalls ist sie rund 300 Jahre alt. Sein Sohn Friedrich Emil, 40 Jahre lang Landrat der Gegend, hat sich zu ihren Füßen begraben lassen. Unter einem gewaltigen Naturstein. Als der König, es war inzwischen Friedrich Wilhelm IV., seinen Landrat besuchen kommt und dabei vor den Grabstein geführt wird, den sich der melancholische Sohn des Wilden Reiters schon zu Lebzeiten hat setzen lassen, steht die Majestät wohl etwas verlegen vor soviel Todesgewissheit. Um etwas zu sagen, zeigt er auf eine abgeschlagene Ecke des Monstrums: »Der Stein hat einen Fehler!« – »Der drunter liegen wird, hat noch mehr«, soll die Antwort gelautet haben. Eine sehr beliebte Anekdote.

Nächste Station der Allee ist ein Rondell mit großem steinernen Kreuz: Gedenken an ein nie aufgeklärtes Unglück im Jahr 1895: Joachim Kurd von Schwerin (die Linie des Reitergenerals war mit seinem düster gestimmten Sohn ausgestorben) soll auf einer Seereise vor Marseille einfach über Bord gesprungen sein. Am Ende des Weges das Grab des »letzten Fideikomißbesitzers auf Wustrau«, gestorben 1925. Zu seiner Goldenen Hochzeit hatte er der Kirche die Kassettendecke spendiert. Der spätbarocke Bau selbst stammt – wie das Schloss – von Hans Joachim, dem Husaren. Im Innern findet sich noch sein Epitaph aus Sandstein, dessen Medaillon das Portrait des Wilden Reiters zeigt. Auch die Grabtafel seiner ersten Frau ist noch zu sehen.

Dass die Kirche vom Fundament bis zur Laternenspitze so wohl gewaschen und frisch restauriert vor dem

Besucher steht, ist den einstigen Wustrauer Mühlen-
besitzern Annemarie und Karl Stein zu verdanken. Sie
haben zu DDR-Zeiten für die Rettung des Baus ge-
kämpft. 1988 begannen die Arbeiten. Mit der Wende war
das meiste getan.

Wustrau zieht Mäzene an. In Sichtweite der Kirche
hat der Unternehmer Erhardt Bödecker sein privates
Preußenmuseum gebaut. Mit etlichen Erinnerungsstü-
cken an den Reitergeneral im»Zietenzimmer«, vor allem
aber mit einem umfassenden Überblick über die Geschichte Brandenburg-Preußens. Nicht jeder freilich wird
Deutschlands Geschichte so weitgehend unter preußischen Vorzeichen sehen wollen, wie es hier geschieht.

Weniger borussisch Gesonnenen sei der Besuch bei
einer weiteren Wohltäterin empfohlen: Constanze Gräfin
von Ziethen-Schwerin. Sie beschloss 1908, die Dörfler
vor den schädlichen Wirkungen von Glücksspiel und Al-
kohol zu erretten. Am 16. Januar jenes Jahres eröffnete
sie daher ein in mildem Jugendstil gehaltenes Haus mitten im Dorf, wo dem Publikum gesunde Getränke und
gute Lektüre geboten wurde. Die Wustrauer erwiesen
sich als unerrettbar und blieben bei Schnaps und Skat.
Heute jedoch bietet das Café Constanze, wohl restauriert, einen sehr charmanten Ort zum Kaffeetrinken.

Michael Winteroll

TIPPS
ZUR TOUR

Autobahn A 24 bis zur Abfahrt Neuruppin-Süd.
Über Buskow und Langen geht es nach Wustrau.
Bahn: Regionalexpress Richtung Neuruppin, Haltepunkt
Wustrau-Radensleben (Achtung: Nicht alle Züge halten
hier), meist Busanschluss.
Das Pony steht bei Familie Wendt bereit
(Hohes Ende Nr. 11).
Falls die Kirche verschlossen ist: Den Schlüssel gibt es im
Pfarrhaus nebenan.
Das Brandenburg-Preußen-Museum ist täglich außer
montags von 10 bis 18 Uhr geöffnet, im Winterhalbjahr bis
16 Uhr.

DIE GESCHICHTE ZWEIER EXZENTRIKER

Groß Kreutz: Ein havelländisches Herrenhaus und sein Dahlemer Pendant

Von zwei Exzentrikern soll die Rede sein und von ihrer Baulust. Der erste, Botho Hacke, Erbschenk der Kurmark, hat uns – mit den Augen sind wir alle seine Erben – eines der anmutigsten Gutshäuser Brandenburgs hinterlassen, Groß Kreutz bei Werder. Spätes Rokoko (1765–1767), einstöckig-einfach außen und charmant-raffiniert innen. Die Front wölbt ein rundes Mittelteil auf eine Terrasse hinaus, ganz wie es damals gerade Schloss Sanssouci vorgemacht hatte.

Der zweite Exzentriker hat versucht des Junkers Juwel zu kopieren, bloß nicht draußen auf dem Land, sondern drinnen in der Stadt, in Dahlem und auch nicht als Gut, sondern als Forschungsstätte und nicht zu Zeiten des Alten Fritz, sondern 1930, Bauhauskuben waren grad Mode. Otto Warburg hieß der Dahlemer Herr, im Jahr darauf sollte er für Forschungen zum Stoffwechsel von Zellen den Nobelpreis erhalten. Als man dem Spitzenforscher Entwürfe zu einem eigens für ihn geplanten Institut vorlegt, stellt er angesichts der zeitgenössischen Formen angewidert fest, er beabsichtige nicht, in einer Fabrik zu arbeiten.

Grundsatz der »Kaiser-Wilhelm-Gesellschaft« war nun aber, Forschungseinrichtungen immer um einen herausragenden Wissenschaftler »herumzubauen«, und wenn der Herr Professor das in diesem Fall etwas sehr wörtlich nahm und so befahl, dann zückt eben die Ford-Foundation (den verarmten Deutschen zur Seite springend) die Börse, und es wurde Rokoko. Otto Warburg war nach dem Entwurfsdesaster selbst zur Fahrt in die Mark Brandenburg aufgebrochen, um nach möglichen Bauvorbildern zu suchen; hinter Werder hatte er sich dann in das Gutshaus des Erbschenken Botho verliebt.

ZWEI EXZENTRIKER

Nach Groß Kreutz also sollten Sie fahren, aber Sie werden mehr davon haben, wenn Sie sich vorher in der Garystraße 32 die Kopie anschauen. Elegant liegt das lang gestreckte Gebäude hinter tiefer Rasenfläche, mit hohen Fenstern und hölzernen Läden – eine Zierde für Dahlem; selbst noble Nachbarschaft wirkt dürftig daneben. Dann aber Groß Kreutz. Das Original. Welcher Unterschied! Um in Dahlem genug Labore zu bekommen, wusste sich unser Jahrhundert nur zu helfen, indem es zum runden Mittelbau so lange Fensterachsen hinzuaddierte, bis die benötigte Zimmerzahl beisammen war. Wie anders das 18. Jahrhundert: Groß Kreutz hatte keinen weiteren Zweck, als angemessener Rahmen zu sein für ein adliges Leben. Eine hierarchische Gliederung des Baus tat den Proportionen gut: Alles ökonomisch Gutsherrliche blieb zwei Wirtschaftsflügeln vorbehalten, schön anzusehen, aber deutlich kleiner als der Herrenteil, den sie – nach Dienerart – in die Mitte nehmen.

Zu besichtigen ist Groß Kreutz derzeit nicht. Was Botho von Hacke sich von dem Knobelsdorffschüler Friedrich Wilhelm Diterich (das Berliner Ephraim Palais stammt von ihm) innen hat bauen lassen, kann daher nur erzählt werden: Den Hauptreiz machen zwei hintereinander liegende ovale Räume aus, ein kleines Vestibül mit der Längsseite zum Eingang und senkrecht dazu der Gartensaal. Die beiden Ellipsen und die auf plastische Wirkung berechneten Malereien (Wandbilder von Friedrich Fechhelm, das Deckengemälde von einem unbekannten Schüler Antoine Pesnes) ließen das Haus tiefer scheinen, als es tatsächlich war. Leider sind die Ansichten heute mit Ölfarbe überpinselt, ob sie je restauriert werden können ist fraglich. Der Blick durch die Fenster an der gerundeten Stirnseite des Gartensaals trat gewissermaßen als weiteres »Gemälde« hinzu und spielte im Sinne der Zeit als Augentäuschung mit den Grenzen von Natur und Kunst. Auch das würde heute nicht mehr funktionieren, öde, wie der Garten daliegt.

Neben dem Gutshaus die Kirche, frisch verputzt. Von dem Kanzelaltar, ein paar Jahre älter als das Herrenhaus, wird gesagt, er zeige die gleichen Proportionen wie der

Gutshaus Groß Kreutz im Sommer 2001

in der Potsdamer Garnisonskirche. Das wäre dann noch ein weiteres Kompliment der Herren von Hacke über die Havel hinüber nach der nahen Residenzstadt, ob nun vom Erbschenken mit der glücklichen (Bau-)Hand oder einem Vorfahren sei dahingestellt, die Handbücher bleiben da vage.

Gut, Kirche und die Häuser der Dörfler: Auch Groß Kreutz ist bloß Variation des ewigen ostelbischen Themas. Aber glückliche Umstände haben es hier in einer unaufdringlichen Harmonie erhalten, so dass es zu etwas Besonderem geworden ist. Am Anfang standen Geschmack (und Geld) eines Herrn von Adel. Es folgten Erben mit genug Verstand für die Bewahrung (nur einen Wirtschaftsflügel hat man vergrößert). Der letzte Gutsherr hatte dann, geht die örtliche Sage, bei Kriegsende norwegische Verwandte zu Gast, die beim Einmarsch der Russen ihre Nationale über dem Dorf aufzogen und so einige Schonung bewirkten. Auch der Bedarf der DEFA (Deutsche Film-AG auf DDR-Boden) an historischen

Panoramen hat zur Erhaltung beigetragen. »Effi Briest« ist hier verfilmt worden und manches andere: dass die Fenster heute wieder hölzerne Läden besitzen ist einem Kulissenwunsch zu verdanken. Käme übrigens jemandem die Idee, aus Fontanes Ribbeck-Ballade Kino zu machen, würde das Groß Kreutzer Kleinod sicher besser zum Hintergrund taugen als der hässliche Kasten im echten Ribbeck. Leider steht das Kleinod von Groß Kreutz auch im Jahre elf nach der Wende verfallen da. Darf das eigentlich sein?

Ein Bild des Erbauers, Botho von Hacke, habe ich nicht gefunden, aber von Otto Warburg gibt es ein hübsches Foto. Der Nobelpreisträger sitzt da am antiken Schreibsekretär, dem Betrachter zugewandt. Reitstiefel hat er an und ganz wundervolle Reithosen (Pepita, glaube ich), dazu ein Jackett mit Nadelstreifen und eine fein gemusterte Krawatte. In den Krieg war er 1914 als Freiwilliger mit den Ulanen der Garde gezogen: Lanzenreiter, kurze Jacke, auf dem Kopf die Tschapka, eine hohe Mütze.

Der Dahlemer Institutsbau, heute Archiv der Max-Planck-Gesellschaft

Den reiterlichen Habitus behielt er bei. Unter Hitler galt Warburg als »Halbjude«, wurde schikaniert, letztendlich aber unbehelligt seinen zellphysiologischen Studien überlassen. Die beschäftigten sich nämlich unter anderem mit den Ursachen von Krebs, und der Führer hatte große Angst vor dieser Krankheit. Otto Warburg leitete das Institut bis zu seinem Tod 1970 im Alter von 87 Jahren. Heute beherbergt das Haus das Archiv der Nachfolgerin der »Kaiser Wilhelm Gesellschaft«, der »Max-Planck-Gesellschaft«. Aus dem ovalen Lesesaal hat man einen schöneren Gartenblick als derzeit leider in Groß Kreutz. Am Ende einer Baumallee steht überlebensgroß Warburgs Lehrer Fritz Fischer in Bronze.

Wir wissen nicht, wie teuer Botho von Hackes Liliput-Sanssouci war, aber die Kosten für Warburgs Nachempfindung kennt man auf den Pfennig genau; die Summe, beiläufig 600 000 Mark, ist dabei viel weniger interessant als der, heutigen Steuerzahlern schier unglaubliche, Umstand, dass Kostenvoranschlag und Endabrechnung nicht differierten.

Falls sie noch einen kleinen Anstoß brauchen, um Richtung Werder aufzubrechen: Der erste in Groß Kreutz gedrehte Film weiland 1930 trug den schönen Titel »Frühlingsrauschen«.

Michael Winteroll

TIPPS ZUR TOUR Auto: A 10, Ausfahrt Groß Kreutz oder auf der B1 von Potsdam aus.
Bahn: Regionalbahn nach Brandenburg, Haltestelle Groß Kreutz.

»RIVIERA« GRÜSST »RIVIERA«

Vom Seddinsee nach Eisenhüttenstadt –
Sehenswertes am 110 Jahre alten Oder-Spree-Kanal

Das Motorschiff »Riviera« aus dem westfälischen Minden an der Weser quirlt zügig vorüber. Bald wird der Schiffer schmunzeln: Wenn die kleine Strecke vom westlichen Ende des Oder-Spree-Kanals in den Seddinsee und weiter auf dem Langen See nach Berlin-Grünau geschafft ist, grüßt backbords eine zweite »Riviera« – das alte Ausflugslokal. Nicht zu unterdrücken, dieser deutsche Hang zum klangvollen Fremdbegriff, der weder mit der Mark Brandenburg noch mit dem Weserbergland zu tun hat.

Woher die schwimmende »Riviera« auch gekommen sein mag, hier, wo sie bei Wernsdorf gerade die Berliner Stadtgrenze erreicht, liegen rund 80 Kanalkilometer hinter ihr. Alles andere als langweilig! Die schmale blaue Straße schiebt sich bald durch Kiefernwald, bald an einsamen Forsthäusern vorbei. Brücken überspannen sie und Freileitungen. Allerlei Ortschaften werden passiert und – Schiffers Ärgernis, weil Zeitverlust – Schleusen. Sie sind nötig wegen der unterschiedlichen und obendrein wechselnden Wasserstände von Oder, Spree und Dahme.

Die Schleuse Große Tränke unweit Fürstenwalde, am Ufer exakt ausgewiesen bei »Km 68,75«, braucht freilich nicht mehr betätigt zu werden: Erfolg der Spreeregulierung. Indes bietet selbst die freie Durchfahrt eines 123 Meter langen Schubverbandes Schau-Erlebnis genug. Von der Straßenbrücke aus verfolgen seltene Spaziergänger die Steuermanöver, mit denen aneinander gekoppelte Prahme voller Kies samt Schubschiff zentimetergenau an der Schleusenkammerwand entlanggeleitet werden. Das beifällige Murmeln der Zuschauer weht der Wind leider zur falschen Seite. Der Steuermann, sich seines Expertenwertes wohl bewusst, verzieht keine Miene.

Ähnlich mag schon Hans Friedenreich aus Hamburg
einst den Vorgänger des Oder-Spree-Kanals gemeistert
haben. Der hieß zuerst Neuer Graben, dann Friedrich-
Wilhelms-Kanal nach seinem energischen landesherr-
lichen Förderer, dem Großen Kurfürsten. 1668 war die
Verbindung fertig, Werk des bauleitenden Kriegsinge-
nieurs Philipp de la Chièze. Fünfzehn (!) hölzerne Schleusen ... Besagter Friedenreich ließ sich's nicht verdrießen,
sondern »ist mit 30 Lasten Lüneburger Salz durch den
Neuen Graben gegangen und so auf der Oder an die Niederlage zu Frankfurt gelanget, allwo die Leute haufen-
weise mit Verwunderung angesehen, dass Hamburger
Schiffe angelangt«. Bezeugt Johann Christoph Bekmans
»Historische Beschreibung der Chur und Mark Brandenburg«.

**Partie am
Oder-Spree-
Kanal**

Die kleinen Sensationen aus kurfürstlichen Zeiten
wichen dem großen Ärger. Beim Friedrich-Wilhelms-

Kanal zeigte sich nämlich, was jahrhundertelang als Merkmal der Unentbehrlichkeit klug trassierter künstlicher Wasserstraßen gelten sollte: Er genügte den rasch wachsenden Anforderungen nicht mehr. Bereits ab 1699 ging man den antiquierten Holzschleusen zu Leibe, an deren Stelle Massivbauten traten – zuletzt nur noch neun. Zwischendurch wurde manchmal das Wasser knapp, oder die Kanalsohle versandete. Oder das Frachtaufkommen an Massengütern wie Kohle, Baustoffe, Erzeugnisse der Eisen- und Stahlindustrie aus Schlesien in Richtung Berlin und weiter nach den Elbhäfen bis Hamburg bekam unvorhergesehene Ausmaße.

Kein Vergleich also mit dem heutigen geordneten, unhektischen Kanalverkehr. Der preußische Landtag erkannte die Unhaltbarkeit der Situation und genehmigte am 13. März 1886 den Kostenvoranschlag über 12,6 Millionen Mark für einen nicht irgendwie zurechtzuflickenden, sondern überwiegend ganz neu zu führenden Oder-Spree-Kanal. Lediglich knapp zwölf Kilometer alter Strecke gingen bis zur Fertigstellung Ende 1890 (amtliche Freigabe am 1. Mai 1891) in ihn ein: die Distanz zwischen der ehemaligen Buschschleuse und Schlaubehammer nahe Müllrose – gut für Wanderungen am altneuen Kanal, aber auch abbiegend nach Norden zum wunderschönen Helenesee mit langen Sandbadestränden inklusive FKK-Teil oder nach Süden ins Landschafts-bzw. Naturschutzgebiet Schlaubetal (markierter Weg bis Dammendorf, von dort Busverbindung zu den Bahnhöfen Beeskow und Eisenhüttenstadt).

Wer die Kanalerkundung überhaupt gleich in Eisenhüttenstadt anfangen möchte, begegnet da einer Konkurrenzattraktion zum fast gleichzeitig entstandenen Schiffshebewerk Niederfinow. Der Blick auf die 1925 bis 1929 errichtete Zwillingsschachtschleuse ist wegen ihrer tiefen Lage erschwert. Doch das freundliche Bedienungspersonal gestattet schon mal Zutritt zum Gelände. Und aus der Nähe lässt sich verfolgen, wie erstaunlich fix bis zu 14,40 Meter Wasserspiegelunterschied zwischen der Oder und dem Kanal überwunden werden.

Einmal bei der Schleuse, muss man nicht unbedingt in die Stadt zurückkehren. Nahebei lädt die »Insel« ein, parkartige Erholungsanlage zwischen altem und neuem Oder-Spree-Kanal. Wenig weiter wird die Bundesstraße 112 erreicht, an der – etwa fünf Kilometer Richtung Süden – Neuzelle liegt, diese barocke Überraschung unter den zumeist gotischen und klassizistischen Architekturformen der Mark. Bei Kunstwissenschaftlern gilt der Komplex als »eines der schönsten Beispiele schlesisch-böhmischen Barocks« in Brandenburg.

Die anderen Städte am Kanal sind Müllrose, wo Kurfürst Friedrich Wilhelm Anfang Juni 1662 beim ersten Spatenstich für den Neuen Graben huldvoll zugegen war, und Fürstenwalde, wo die Wasserstraße ein Stück Spreelauf nutzt. Beide Orte bieten, gleich Eisenhüttenstadt, reizvolle Ufer- und Schleusenpartien, außerdem unterhalten alle drei Städte kennenswerte Museen. Die dokumentieren beispielsweise Feuerwehrgeschichte vom ledernen Löscheimer bis zur betagten knallroten Karrenspritze (Eisenhüttenstadt), Kanalhistorie und Schifferleben (Müllrose) und nordische Geschiebe, zusammengetragen von Walter Bennhold.

Günther Bellmann

TIPPS ZUR TOUR Nach Fürstenwalde verkehren auf der Linie RE 1 halbstündlich Züge ab Berlin Ostbahnhof oder Erkner (in Richtung Frankfurt/O.), Fahrzeit eine halbe oder eine reichliche Viertelstunde. Nach Erkner fährt auch die S 3 von Westkreuz über Zoologischer Garten, Alexanderplatz und Ostkreuz.
Eisenhüttenstadt erreicht man mit der Bahn über Frankfurt/O. ab Berlin Ostbahnhof oder Erkner in ca. 80 Minuten (RE 1 Richtung Cottbus). Zum Helenesee – Halt nur zwischen April und Oktober – und nach Müllrose fahren Züge ab Frankfurt/O. (Linie RB 36 Richtung Königs Wusterhausen).

DIE OHRFEIGE AUF DER KEGELBAHN

Kochs Hand und Goethes Faust – Entdeckungen zwischen Niemegk und Burg Rabenstein

Es staubte mächtig am Rathaus der Fläming-Kleinstadt Niemegk. Im unregelmäßigen Karree zwischen dem schönen Renaissance-Bau von 1570 mit Schweifgiebeln und zwei Zwerchhäusern, der Kirche, der Gaststätte »Forellenklause« (auf die Fische wird zurückzukommen sein) und dem Haus Großstraße 69 rackerten Bauarbeiter. Sie wühlten sich wegen des Hauptsammlers für eine Schmutzwasserkanalisation durch historischen Grund.

In diesem altehrwürdigen, durch vier Stadtbrände hart geprüften, jedoch nie vernichteten Rathaus sei also die denkwürdige Ohrfeige verabfolgt worden? Dr. Robert Koch versus Bürgermeister Friedrich Schüler? Alles Legende, alles Mär der Wissenschaftsgeschichte. Richtig ist: Nachdem sich der Jungarzt aus dem Harz ausgerechnet den Fläming-Flecken zum Startpunkt für seine Karriere als Allgemeinpraktiker ausgeguckt hatte, guckte er vorwiegend in den Mond. Die Niemegker Ackerbürger rannten lieber zum »heilkundigen« Schäfer oder zu irgendwelchen durchreisenden Quacksalbern. Das Wartezimmer des qualifizierten Neubürgers blieb leer.

Alle empfehlenden Inserate im Amtsblatt fruchteten nichts. Koch war dazu verurteilt, seine Zeit mit Schachpartien gegen Ehefrau Emmy totzuschlagen oder mit hingebungsvollem Lauschen auf deren Zitherspiel. Doch als selbst der Stadtchef abfällig über ihn und seine Fähigkeiten zu reden begann, riss ihm der Geduldsfaden.

Nicht im Rathaus, sondern bei einem Kegelabend ging der junge Medikus auf den 20 Jahre älteren Bürgermeister (einer Überlieferung zufolge »leicht aufbrausend und jähzornig«) los. Der hatte Kochs Erkältungs-Schniefen als besonders subtile Geste der Verachtung missverstanden und sich dagegen unsachlich verwahrt. Folge: eine Maulschelle von fortwirkender Resonanz. Kochs ärztlicher Reputation war sie durchaus abträglich; der spätere Nobelpreisträger, nun erst recht unterbeschäftigt, musste Niemegk den Rücken kehren und andernorts seinem Weltruhm entgegenstreben.

Bis 1939 dauerte es, ehe an der bescheidenen Fassade Großstraße 69 die überfällige Gedenktafel angebracht wurde: »In diesem Hause wirkte Dr. med. Robert Koch v. 1868 – 1869 als prakt. Arzt.« Von wegen »wirkte« – zunehmend verstört und frustriert hat er gewirkt, so ist es gewesen.

Ein paar Schritte vor der Stadt erleichtern Hinweispfeile und Wanderweg-Markierungen das Zurechtfinden in überraschend vielgestaltiger Umgebung, wobei das öfter auftauchende Schild »Observatorium« verblüfft. Wer ihm folgt, steht bald am weitläufigen Areal des Adolf-Schmidt-Observatoriums für Erdmagnetismus. Es ist 1930 hierher sozusagen geflohen. Ende des 19. Jahrhunderts auf dem Potsdamer Telegrafenberg errichtet,

DIE OHRFEIGE

siedelte es wegen störenden Einflusses elektrifizierter Bahnen nach Seddin um – und wurde von dort aus gleichem Grund wieder vertrieben. Die schließlich gefundene abgelegenere Region soll ungestörte Messungen mittels Instrumenten erlauben.

Blick in den Hof der Burg Rabenstein

Die Mitarbeiter begrüßen Besucher gern nach rechtzeitiger Anmeldung (Telefon 03 38 43 – 62 40). Gezeigt und erläutert wird nämlich nicht bloß ausgemustertes historisches Gerät. Ebenso stehen aktiv Dienst tuende Apparaturen zur Besichtigung, sofern sie turnusmäßig gerade mal pausieren. Willkommene Nebenprodukte der Magnetismusforschung sind übrigens Sonden zur Erzlagerstätten-Erkundung und zum Orten von Bomben-Blindgängern.

Indem man beim Niemegker Streifzug immer wieder die nahe gelegene Autobahn A 9 quert, gelangt man auch zu den Fischen. Nicht überall ist der Fläming so trocken, dass ehedem Brunnenbauer bis zum Erreichen von Wasser heftig in Schweiß gerieten. Nach Buchholz hin liegt die Werdermühle, einer Reihe von künstlich angelegten Angelteichen benachbart, in denen seit mindestens 200 Jahren Fischwirtschaft betrieben wird. Die Forelle genießt gewissermaßen Hausrecht: In Fläming-Bächen und -Flüssen wie Adda oder Plane kam sie von altersher vor. Ein Binnenfischerei-Unternehmen machte die Werdermühlenteiche gegen Gebühr zur öffentlichen Anglerattraktion. Zumal an Wochenenden herrscht beträchtliches Gedränge.

Ähnliches gilt für Wanderwege von eigenem Reiz, wohl allein im Niemegker Land zu finden. Der Natur hat es gefallen, dort »Rummeln« zu bilden. Flämingbewohner verstehen darunter enge Trockentäler, wahrscheinlich von eiszeitlichen Schmelzwässern in den sandigen Grund gerissen. Die meist zerklüfteten, manchmal terrassenförmigen Steilwände ragen bis zu 20 Meter auf. Waldbäume wurzeln darin und geben ihnen Halt; Ginster und Heidekraut, Beerengesträuch und Heckenrosen schmücken die Hänge. Steinerne Cañon-Romantik ist folglich nicht zu erwarten, wohl aber eine sehr andere Spielart brandenburgischer Streusandbüchse, wunderlich und interessant.

Einer jener Hohlwege verbindet Neuendorf und Garrey. Kurz hinter dem Neuendorfer Ortsausgang (Straße Richtung Klein Marzehns) wendet man sich – grüner Pfeil – links in den Wald und erreicht nach einem Kilometer einen Holzplatz. Der bleibt rechter Hand liegen, und angesteuert wird die unweit gelegene Stelle, an der überdachte Tische und Bänke zum Verschnaufen einladen. Ab da »rummelt« es anschaulich bis Garrey – eine Gesamt-Wegstrecke von vier Kilometern, überwiegend nicht befahrbar mit Autos.

Und erneut ist Seitenwechsel angesagt; denn die Burg Rabenstein – Ersterwähnung, könnte man kalauern, in der Walpurgisnacht-Szene aus Goethes »Faust« – liegt wiederum jenseits der Autobahn. Wer hinaufkraxelt und obendrein den Bergfried besteigt, sieht sich belohnt mit weitem Blick in märkische Runde und mit nahem in den

DIE OHRFEIGE

raben- respektive kopfsteinernen Burghof. Seine eben-
erdige Verlängerung, ohne die mindeste Unterbrechung
des Pflasters: der Rittersaal.

Gepränge aus Schaurüstungen, vielarmigen Leuch-
tern, Jagdtrophäen? Nicht die Spur. Auf bemerkenswert
buckligen Katzenköpfen geht's hinein in einen absolut
schmucklosen, mäßig erhellten Raum. Rüde tafelnde,
mit den Resten an Ort und Stelle ihre Hunde abfütternde
Reisige – hier sind sie ohne weiteres vorstellbar. Die Er-
läuterung am Eingang zu der erstaunlichen Räumlich-
keit hat ja so Recht: Sie sei »einzigartig in ihrer mittel-
alterlich-derben Schlichtheit«. Die zahlreichen anderen
deutschen und österreichischen »Rabenstein«-Burgen
dürften schwerlich Ähnliches zu bieten haben.

Ob der kultivierte schwedische Kronprinz und Marschall mit dem französischen Namen Jean Baptiste
Jules Bernadotte dort drin stark befremdet dinierte?
Oder breiteten er und seine Offiziere Anfang September 1813 auf rustikalen Tischplatten ihre Generalstabs-
karten aus? Die von ihnen gewonnene Schlacht bei
Dennewitz (damals noch nicht jenseits der Autobahn)
mit enormen napoleonischen Verlusten stand bevor, und
die Burg war Hauptquartier der preußischen Verbün-
deten – ein neuartiger Zweck in ihrer annähernd 800-
jährigen Geschichte.

Seit 1956 ist sie Jugendherberge, und selbst als
Kunstkulisse hat sie sich bewährt: für die Verfilmung ei-
nes der märkischsten Stoffe, der »Hosen des Herrn von
Bredow« von Willibald Alexis.

Günther Bellmann

TIPPS
ZUR TOUR

Der Autotourist benutzt die A9 bis zur Ausfahrt Niemegk,
um abends vielleicht über Rabenstein und Auffahrt Wie-
senburg zurückzukehren. Die Eisenbahn fährt Niemegk
nicht an (manche Karten verzeichnen eine bestehende
Güterstrecke; nicht irritieren lassen!), deshalb muss man
sich erst mit der Bahnlinie RE 3 von Berlin-Zoologischer
Garten nach Belzig (fährt im Stundentakt, einstündige
Fahrzeit) begeben. Dort weiter mit dem Bus.

HERTHAS REVIER

Eine Dampferfahrt auf dem Untersee bei Kyritz

Obendrauf hockt roten Gesichts der Schiffer an der frischen Luft des regenschwangeren Junitages und erklärt über Bordlautsprecher, was Dampferkapitäne immer erklären: Wie lang der See ist und wie lang das Schiff, wie viel PS die Maschine hat und dass die Wassertiefe ausreicht, um im Stehen trinken zu können, haha. Schiffsführer, Fahrzeug und sämtliche Witze haben jenes gediegene Alter erreicht, in dem der Charme von selbst kommt und unwiderstehlich wird. Es gibt Fans, die nur wegen der Sprüche mitfahren.

Das Dampferchen verkehrt zwischen zwei Städten, einer berühmten und einer gänzlich unbekannten. Von Kyritz hat jeder gehört und dass es an der Knatter liege. Dabei ist Letzteres bloß dazu erfunden, um die Abgelegenheit der Ansiedlung der Lächerlichkeit preiszugeben, denn durch Kyritz fließt die Jägelitz, aber mit der alliterierten Knatter füllt es im deutschen Sprachbereich eine Art Marktlücke als unverwechselbare Hauptstadt aller Provinz. Inzwischen hat Kyritz kapituliert und selbst überall vor und in der Stadt Schilder aufgestellt: »Kyritz an der Knatter«. Immer verwechselt wird dagegen Wusterhausen am südlichen Ende des Sees mit dem Berliner S-Bahn-Endpunkt Königs Wusterhausen.

Der See heißt Klempowsee und gehört zur Seenkette bei Kyritz, von der allerdings nur dieser hier befahren werden darf; die übrigen sind Naturschutzgebiet. Immerhin geht es am Nordzipfel mit langsamster Fahrt in einen schmalen Kanal, den Waldgraben, fast kann man Blumen pflücken links und rechts. Zum Schluss bleibt dem Schiff gerade noch Platz zum Drehen.

Unser Dampfer, die »Neptun«, 1927 in Fürstenberg gebaut, fährt weiter die Waldufer des lang gestreckten

Gewässers ab. Reederfamilie Dentler brachte 1930 das erste Motorboot an den See. Leben lässt sich von der Seefahrt nicht, als Hauptgeschäft betreibt man eine Baufirma. Zu DDR-Zeiten musste der Staat die Dienstleistung für die vielen Urlauber in den umliegenden Ferienheimen mit fast dem Vierfachen des Umsatzes bezuschussen und hatte deshalb auch wenig Appetit, das Schiffsgeschäft selbst zu übernehmen. Die Saison war einfach zu kurz.»Heute«, sagt Firmenchef Walter Dentler,»sind die Schiffe bloß noch Tradition, gerade eben praktikabel.«

Die sonnigen Wochenenden haben sich auch nach Ende des Sozialismus irgendwie nicht so richtig vermehrt. Alle Reparaturen erledigen die Dentlers selbst, denn schiffbare Verbindungen zu Werften gibt es nicht. Gefahren wird nur an Wochenenden. Angeboten wird eine kurze (1 Stunde) und eine lange (2 Stunden) Rundfahrt, die man unterbrechen kann, zum Beispiel an der winzigen Insel im See. Wer will, kann aber auch neben dem Kyritzer Anleger ins Strandbad gehen, der Bootsvermieter dort hält Tretboote sowie nostalgische Ruderkähne bereit.

In Wusterhausen macht der Dampfer eine Stunde Pause. Inzwischen hat er die alte Grenze zwischen der Prignitz und der Grafschaft Ruppin überquert, dabei lässt Schiffer Dentler den Kahn schaukeln, um der Historie Reverenz zu erweisen.

Die Stunde Aufenthalt ist ein bisschen knapp für das kunsthistorisch-kulinarische Hauptstück dieser Gewässertour: die Wusterhausener Kirche, St. Peter und Paul. Der Markt des Städtchens besitzt zwar hübsche Bürgerhäuser, und im nahen Kyritz gibt es sogar noch weitaus stattlichere, darunter Prachtstücke der Prignitzer Fachwerkarchitektur aus dem 17. und 18. Jahrhundert, aber das allein lohnte bei aller Liebe kaum die weite Anfahrt. Die Wusterhausener Stadtkirche dagegen gehört zu denen, die man so schnell nicht vergisst.

Am wuchtigen Äußeren der dreischiffigen Halle haben Bürger und Stadtherren 200 Jahre lang gebaut; die heutige Gestalt erhielt sie im 14. Jahrhundert. In den

Wusterhausen mit der Kirche

Langhausmauern stecken noch, deutlich sichtbar, Granitquader der Vorgängerin aus der Zeit um 1250. Der First des gewaltigen Daches überragt die Oberkante des mit Blendarkaden geschmückten Turmes, der ursprünglich sicher höher gedacht war; jetzt sieht es aus, als zöge St. Peter und Paul den Kopf zwischen die Schultern. Wer außen herumgeht, kann an den Anbauten leicht ablesen, wie das kommunale Gemeinschaftswerk immer wieder ergänzt wurde, wenn Bedürfnisse sich änderten oder gerade Geld in der Kasse war. Außer der Stadtkirche ist vom Wusterhausener Mittelalter, der bedeutendsten Periode der Stadtgeschichte, wenig übrig geblieben. See und Dosse sperrten damals den Weg in die Grafschaft Ruppin, eine Burg kontrollierte den einzigen Übergang, daneben wuchs die Siedlung. Durchziehender Handel brachte Wohlstand, Lüneburger Salz kam auf Kähnen den Fluss herauf, und Wusterhausen verdiente daran. Dass man auch später nicht völlig verarmte, zeigt die reiche Ausstattung der Pfarrkirche.

Purer Zufall erspart uns das Laufen nach dem Schlüssel: Ein Greisenpaar tritt aus dem Portal, eine diamantene Hochzeit wird gefeiert. Wir schlüpfen hinein, aber es wird uns wenig Zeit gelassen, den Kantor treibt helle Aufregung: Für vier Uhr hat sich eine Berliner Studiengruppe zur Besichtigung der berühmten Wagner-Orgel angesagt, und ausgerechnet jetzt muss der Strom zusammenbrechen: Ohne elektrisch geblasene Luft keine Musik. Wir lassen uns die unverhoffte Gelegenheit, die Orgel zu hören, nicht entgehen, sitzen nachmittags pünktlich wieder in den – der Kälte wegen geheizten – Bänken und sollen es nicht bereuen. Die Kriege haben in Peter und Paul manches heil gelassen, was andernorts verbrannt ist. Triumphkreuz und Chorgestühl stammen aus dem Spätmittelalter, ebenso die grotesken Tiergestalten an der Decke und die blassen Spuren einer Verkündigung neben der Kanzel: Reste der Fresken, die einst die Kirchenwände bedeckt haben. In den Jahrzehnten vor dem 30-jährigen Krieg gab man die prächtige Renaissance-Kanzel in Auftrag (Jürgen Fischer 1610); zuvor war schon die Nordempore entstanden mit drei mal sieben Szenen aus dem Leben Jesu, darunter, halb hinter einer Säule verborgen, eine drastische »Verspottung«.

Als der siebenjährige Krieg zehn Jahre vorbei war, besaß man Geld genug für den aufwendigen spätbarocken Altar mit dem etwas verblassten Auferstehungsbild von Bernhard Rode (1776). Prunkstück aber, Kirche, Stadt und Gegend überstrahlend, bleibt das große Instrument vom »märkischen Silbermann« Joachim Wagner, das die Gemeinde einweihen konnte, als Friedrich der II., gerade gekrönt, in Schlesien seinen ersten Krieg führte: »Eine Orgel, die zu den klangschönsten und künstlerisch wertvollsten Arbeiten des Begründers der Berliner Orgelbauschule gehört«, wie Uwe Pape, Experte für alte Orgeln, versichert.

Wir bekommen auf ihr Bach zu hören, denn dessen Klangideal, so Pape, stehe das Wusterhausener Instrument besonders nahe. Der Klang ist hell und erinnert an Holzblasinstrumente. Der Organist Kilian Neuhaus von der Französischen Friedrichstadt-Kirche Berlin hat die Stücke so gewählt, dass unterschiedliche Register und Farben gut zu hören sind. Danach die alte Streitfrage: Klatscht man in der Kirche? Zögernd kommt der Beifall. Anschließend geht's nach oben zur Orgel selbst, einzelne Enthusiasten klettern sogar hinter dem Prospekt zwischen Windladen und Pfeifen herum, während vorn die »special effects« des barocken Keyboards vorgeführt werden: Glöckchen klingeln für den Weihnachtsgottesdienst, und auf einmal beginnt sich sogar ein hölzerner Stern zu drehen: Bei unsicherem Kerzenlicht zur Christnacht sicher seinerzeit ein kleines psychedelisches Wunder. Solche Einfälle des Orgelmeisters rufen in Erinnerung, dass Weihnachten, wie wir es kennen, eine Erfindung des Barockzeitalters ist.

Wer Kirche samt Orgel genießen möchte, dem bieten regelmäßige Konzerte dazu Gelegenheit (www.kyritzer-kirchenmusiken.de).

Zum Schluss noch eine nautische Nachricht, für die Gemeinde der shiplover ebenso sensationell wie für Berliner Fußballfans: Die »Seebär«, zweites Schiff der Dentler'schen Familienflotte ist jener Altberliner Dampfer »Hertha«, auf dem 1892 ein paar würdige Herren einen Fußballverein gründeten, den sie in momentaner Namensverlegenheit nach dem Fahrzeug benannten, auf dem sie gerade die Spree hinauffuhren.

Wie diese Nautiquität viele Jahre später, eigentlich längst außer Dienst gestellt und für den Schneidbrenner bestimmt, hierher gelangte, wohin doch auf märkischen Gewässern gar kein Weg führt, ist eine lange Geschichte. Aber keine Angst, der Schiffer erzählt sie Ihnen, gleich nach dem Ablegen, wenn es geheißen hat »Willkommen an Bord!«

Michael Winteroll

TIPPS
ZUR TOUR

Mit dem Auto auf der B5 über Staaken mit dem Regionalexpress zum Bahnhof Kyritz.
Die Schiffe der Reederei Dentler fahren immer bis zum 25. September. Ab Wusterhausen Sonnabend und Sonntag um 13.30 Uhr die zweistündige, um 15.30 Uhr die einstündige Rundfahrt. Ab Kyritz um 14 Uhr die zweistündige, um 15 Uhr die einstündige Rundfahrt. Um 16 Uhr fährt ein Boot von Kyritz nach Wusterhausen.
Informationen Reederei Dentler, Tel.: (03 39 73) 1 43 02.

AUF DER KÖNIGSSTRASSE ZU OTTO LILIENTHAL

Wo Friedrich II. einst seine Untertanen inspizierte –
Das Ländchen Rhinow

Was er mit Voltaire erörterte oder Offizieren befahl, was
sein Politisches Testament wollte oder welchen Wert er
der Seidenraupenzucht beimaß – man weiß es. Weit
weniger erschöpfend sind die Überlieferungen hinsichtlich eines beliebigen Arbeitstages. Wie regierte denn
Preußens König Friedrich II.? Belief er's beim Unter-
fertigen von Kabinettsordres? Kontrollierte er deren
Ausführung? Genügten ihm Berichte? Dem Oberamt-
mann Fromme ist Auskunft darüber zu verdanken. Er
hat aufgezeichnet, was er am 23. Juli 1779 an der Seite des 67-jährigen Königs – neben dessen Kutsche rei-
tend – erlebte. Theodor Fontane übernahm die Schilderung in den Band »Die Grafschaft Ruppin« seiner
»Wanderungen«.

Friedrich hatte gegen fünf Uhr morgens Potsdam verlassen, um das Dosse- und das Rhinbruch zu inspizieren,
noch zu Beginn seiner Regierungszeit weithin sumpfige
Flußniederungen nordwestlich Berlins. 1779 war die Gegend kaum wiederzuerkennen: Melioration hatte an die
4000 Hektar fruchtbares Land gewonnen; es bestan-
den 25 neue Dörfer und Ortschaften mit 1500 bäuer-
lichen Ansiedlern. Die Inspektionsfahrt zur Erntezeit
dürfte den König befriedigt haben, tatsächlich hat ihn
einmal Begeisterung übermannt: »Das ist wider meine
Erwartung! Das ist schön! Ich muss Euch das sagen, allen, die Ihr daran gearbeitet!«

Man kann die Tagestour Friedrichs II. leicht wieder-
holen, freilich nur unter der Voraussetzung, dass man eigenes Wissen mitbringt. Zwischen der Autobahnaus-
fahrt Neuruppin-Süd und der Gemeinde Barsikow
erinnert wenig daran, dass man sozusagen eine Königsstraße befährt. Nicht bloß die Beschaffenheit veranlasst

AUF DER KÖNIGSSTRASSE

zu gemächlichem Tempo. Dies ist eine überraschend reizvolle märkische Landschaft: sanft hügelig unter hohem Himmel. Rechts und links abgehende Feldwege verlocken zum Anhalten, um eine Baumgruppe, eine Aussicht verheißende Anhöhe aufzusuchen. Vieh weidet, seitwärts kreist ein Greifvogel. Herrliche Ruhe ...

Im Ländchen Rhinow

In den Dörfern Walchow, Protzen, Manker, Garz, Vichel, Nackel wechseln Backstein- und Feldsteinkirchen einander ab. Spritzenhäuser der freiwilligen Feuerwehren glänzen in frischen Farben. In Protzen, notierte Fromme, »stiegen Ihro Majestät aus und freuten sich außerordentlich über die Anwesenheit des Herrn Generals von Zieten«, Husaren-Haudegen der Schlesischen Kriege.

Die Strecke von Nackel nach Barsikow gemahnt an friderizianische Wegeverhältnisse – freilich aus zeitgenössischem Material. Es geht über zwei Streifen Betonplatten, dazwischen Gras. Wer an einer der ebenfalls betonierten Ausweichstellen stoppt, hört Lerchen und kann ein paar pittoreske alte Weidenknorren näher ins Auge fassen, unter denen mehrere noch munter austreiben. Für die Weiterfahrt zum Rathenower Logis verzichtete der König auf die Begleitung durch den

Amtmann. Doch ist ein Ausspruch Friedrichs beim Abendessen verbürgt: »Die Gegend hat sich ungemein verbessert. Ich hab in langer Zeit mit solch einem Vergnügen nicht gereist.«

Majestät anno 1779 also südwärts ab nach Rathenow, der Tagestourist von heute weiter ins nahe gelegene Kampehl. Dort gewährt Audienz der fluchwürdige Ritter Christian Friedrich von Kahlbutz. Als 24-jähriger Fähnrich hatte er 1675 bei Fehrbellin den brandenburgischen Sieg über die eingefallenen Schweden zu erfechten geholfen; später muss den feudalen Schürzenjäger der Teufel geritten haben. Nicht genug, dass er bei den Bräuten seiner Leibeigenen gnadenlos auf dem »Recht der ersten Nacht« bestand und 30 uneheliche Kinder gezeugt haben soll – 1690 erschlug er aus Eifersucht einen Schäfer. Vor Gericht schwor er den junkerlichen »Reinigungseid«: Nein, er sei der Mörder nicht. Freispruch.

Die Sage spann ihre Fäden. Bald wurde erzählt, der von Kahlbutz habe seinem Schwur den Zusatz angefügt, wenn er die Bluttat dennoch begangen hätte, wolle er nach dem Tod nicht verwesen. Denn genauso kam es. Der mumifizierte Leichnam, unter anderem von Geheimrat Rudolf Virchow ohne wissenschaftliche Klärung des Phänomens untersucht, ruht im angestammten Eichensarg nunmehr unter einer Glasplatte. An der Wand resümiert eine Moritat:

Unverwest sieht man ihn liegen,
und nun ist es allen klar:
Seine Schwüre waren Lügen,
weil nur er der Mörder war.

Eigentlich ist Kampehl heute ein Ortsteil von Neustadt/ Dosse, seit alters Zentrum der Pferde-, zeitweilig auch der Maultierzucht. Militär und Landwirtschaft waren lange die Hauptkunden, jetzt dominieren Reit- und Fahrsport. Das erste Neustädter Turnier fand 1926 statt.

Friedrich II. war seinerzeit vorausgefahren, nun folgt der Tagestourist ins Ländchen Rhinow. Die Bundesstraße 102 kreuzt hinter Großderschau (ein knappes Dutzend Kilometer südlich von Neustadt) zuerst die Dosse, dann den Rhinkanal. Überhaupt herrscht seit der Kolonisierung kein Mangel an Wasserläufen. Die Landwirtschaft behauptet sich – manchmal unter beträchtlicher Duftentwicklung –, und das Naturschutzgebiet um den Gülper See, Brutstätte seltener Vogelarten, fand sogar Eingang in entsprechende UNESCO-Bestandsaufnahmen. Hier herum lebt die Europäische Sumpfschildkröte.

Das Dorf Strohdene zeigt gern seine großenteils erhaltenen rotbraunen Backsteinhäuser her. Unweit, die Richtung wird gewiesen, setzt eine Havelfähre jedermann nebst Auto über. Eine Viertelstunde später steht man vor dem Dom zu Havelberg und durchstreift die Domherrenhöfe.

Oder lohnt ein Abstecher in die Rhinower Berge? Sie erheben sich recht ansehnlich nahe der Stadt und werden wieder, was sie schon Ende des 19. Jahrhunderts gewesen sind – Flieger-Dorado. Von den Rauhen Bergen beziehungsweise der Maihöhe in Steglitz hatte Flugpionier Otto Lilienthal sein Übungsfeld dahin verlegt, wo »das unbeschreiblich schöne und sanfte Gleiten über die Berghänge den Eifer bei jedem Sprunge von neuem anfacht«. Hier prägte er für seinen Apparat das Wort »Flugzeug«. Am 9. August 1896 stürzte er gefährlich ab, tags darauf erlag er den schweren Verletzungen.

Günther Bellmann

TIPPS ZUR TOUR

Zugverbindungen nach Neustadt/Dosse bestehen ab Berlin-Zoologischer Garten stündlich (Richtung Wittenberge); Fahrzeit auf der Linie RE 4 rund eine Stunde. Mit dem Auto die »Königsstraße« entlang: A 24 bis Ausfahrt Neuruppin-Süd, dann die beschriebene Tour über Land. Wer's komfortabler möchte, freilich weniger romantisch, benutzt die A 24 noch weitere sieben Kilometer bis zur Ausfahrt Neuruppin und anschließend die Bundesstraßen 167/102 nach Neustadt. Von dort auf der B 102 in Richtung Rathenow durch Städtchen und Ländchen Rhinow. Zurück nach Berlin auf der B 102 über Rathenow und Brandenburg, dort auf die B1 und über Potsdam heimwärts.

IMMER DER POSTKUTSCHE HINTERHER

Auf alten Wegen von Buchholz nach Beelitz

Im Film wirkt das immer so reizend, Reifröcke und Puderperücken gemeinsam in engen Kutschkästen auf holperigen Wegen: die Fächer! Die Spitzen! Die Dekolletees! Aber man stelle sich das nur vor, wenn es zehn Stunden lang dauert. Im tiefen Winter. Im hohen Sommer. Bei der Seltenheit von Waschwasser! Mein Riechfläschchen bitte! Unsereiner wäre ja ohnehin viel lieber gefahren wie Eichendorffs Taugenichts: Hinten auf dem Haiduckentritt stehend, aber an frischer Luft. Bis es anfängt zu regnen jedenfalls.

Dabei wurde viel gereist seinerzeit. Auch nach Berlin selbstverständlich. Wie war das damals? Was sahen Kutschenpassagiere von der Mark? In der Regel kam man von Süden her. Die klassische Route: Leipzig, Wittenberg, Treuenbrietzen (erste preußische Station), Beelitz, Potsdam, Berlin. So fuhren alle, Bach, um sich am Hofe Friedrichs II. vorzustellen, Goethe 1778, seinen inkognito reisenden Herzog begleitend, die 17-jährige mecklenburgische Prinzessin Luise auf dem Weg von Großmutter und Tante zu ihrer Berliner Heirat. Wer allerdings nach zeitgenössischen Reiseeindrücken von einst sucht, wird enttäuscht. Man könnte fast von einem »märkischen Loch« sprechen. Goethes Tagebuch meldet gerade noch die Treuenbrietzener Übernachtung, das Etablissement hieß »Zum Preußischen Adler«, wie sonst, eine flüchtige Bekanntschaft mit einem Herrn von Rohr, und früh geht es schon weiter nach Potsdam. Die Mark erschien Reisenden einst ungefähr so anziehend wie heutzutage einem Bonner Ministeralsekretär die Gefilde von Berlin-Hellersdorf. Am drastischsten hat dieses Süd-Nord-Gefälle einer Fahrt von Sachsen nach Brandenburg Hans Christian Andersen beschrieben:

»Eine Stadt folgte der anderen, und allmählich ging die ganze Gegend, die zuvor eine üppige, vor Gesundheit strotzende Natur gewesen war, in die personifizierte Schwindsucht über.« Deprimierend.

Einen ausführlichen Bericht liefert Johann Friedrich Abegg, Theologe, später Rektor der Uni Heidelberg. 1798 reist er von der Pfalz über Berlin nach Königsberg. Man hat Wörlitz besichtigt – seinerzeit ein »Muss« – und gelangt abends um neun nach Wittenberg. Ohne Aufenthalt geht es in acht Stunden Nachtfahrt über den Fläming. Morgens um fünf Treuenbrietzen. Gleich am Tor wird's preußisch: »Der Mensch wollte durch seinen Thon intimidieren [erschrecken]«. Das Gepäck muss geöffnet werden, der Steuerbeamte kommt. Die Einfuhr seidener Strümpfe sei verboten. Dann werden die Koffer bis Potsdam plombiert. Allerdings: Wer gut schmiert, der gut fährt. Jeder der Offiziellen reklamiert Trinkgeld: »Die Ordnung der Policey ist vortrefflich, aber eben durch sie könnte das Anbetteln auch verhütet werden.« Dann würdigt Abegg die Landschaft: »Von Treuenbrietzen bis Potsdam ist ein sandiger, öder, unglaublicher Weg, und bei der großen Hitze war es fast nicht auszuhalten.« Niederschmetternd.

Aber keine Angst, der Erholung suchende Städter 200 Jahre später sieht das mit anderen Augen. Und so soll die heutige Tour auf die Wagenspuren der Postkutschenzeit führen, durch ein reizvolles Stück der südlichen Zauche. Am Bahnhof Buchholz bitte nach links zur B 2, dort bis zur Nieplitzbrücke. Es ist zwar nicht mehr die von einst (obwohl sie in ihrer Schmalheit gewaltig den Verkehr aufhält), aber an dieser Stelle haben bereits die oben genannten berühmten Berlinreisenden des 18. Jahrhunderts das Flüsschen überquert: Andacht bitte! Kurz darauf biegen wir nach rechts ein. Richtung Wittbrietzen bis zum Schild »Kemnitz«, dahinter führt bald links eine alte Pflasterstraße auf Dobbrikow zu. Von ihr bleibt schnell nur noch ein Sandweg durch den Wald übrig. Beim Ortsschild Dobbrikow sollte man nicht versäumen, rechter Hand den Hügel hochzuklettern. Oben bietet sich Fernsicht nach Süden auf bewaldete Hügel

Die alte Poststraße bei Wildenbruch

in blauer Luft, von wegen platt und sandig! In der Dobbrikower Kneipe des Campingplatzes kann man mit Blick aufs Wasser für wenig Geld so viel Eisbein essen, wie man Platz im Magen hat. Weiter nach Rieben.

Und wo ist nun die Poststraße von einst? Der Kutschtreck von Bach, Goethe und – Mozart; auch der ist zweimal hier langgekommen, kurz vor seinem Tod. Friedrich Wilhelm II. wollte ihn binden: »Überlegen Sie sich's!« Ist nichts draus geworden. Wo also dürfen wir voller historischer Reminiszenzen verweilen?

Tja, der Blick in alte Karten lehrt, auch damals reiste man schon auf der Trasse der heutigen B 2. Da eine Bundesstraße aber kein Ziel für Tagestouren ist, finden sich im Folgenden Wege zusammengestellt, die es im 18. Jahrhundert auch schon gegeben hat. Nehmen wir also an, die Kutsche sei einen kleinen Umweg gefahren. Jetzt jedenfalls, hinter Rieben folgt eine Strecke, die unserer Phantasie aufhilft und romantischen Vorstellungen von alten Poststraßen wohl entgegenkommt. Dazu biegen wir in der Ortsmitte nach links und tauchen auf altem Katzenkopfpflaster in den Wald.

Finster wird's, gute Gegend für einen Überfall. Solche Gräueltaten von einst sind für Historiker heute aufschlussreiche Nachrichten: Wo man einen Viehhändler überfallen hat, muss es auch eine Straße gegeben haben. Als Obstallee läuft der Weg schließlich in Schönefeld ein. Winziges Dorf mit ungewöhnlichen Häusern: Traufständig, zweistöckig, die oberen Fenster wesentlich kleiner, Stuck der Zopfstilzeit, schöne Türen. Der Kunstführer schweigt entschlossen. Leider, ich hätte gern mehr gewusst. Ein alter Mann erzählt von anderen Reisen nach Berlin: »Kenn'se och die ollen Schubkarren von fria; vorne so jeschwungne?« Mit denen hätten die armen Bauern der Gegend noch in seiner Jugend zwei Zentner Roggen den ganzen weiten Weg geschoben, drei Mark

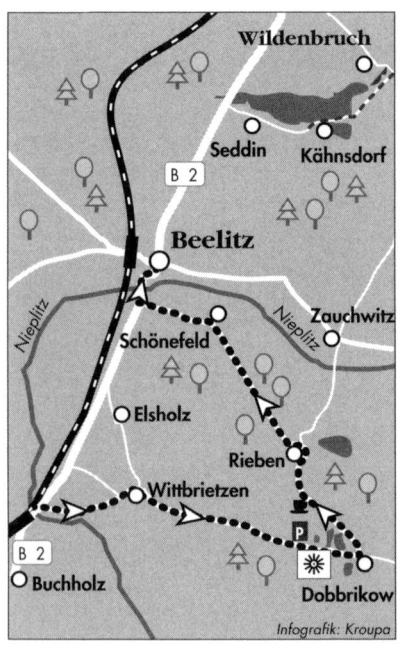

Infografik: Kroupa

hätte das gebracht, anschließend seien sie in Berlin auf Tagelohn arbeiten gegangen.

In der Ferne ist jetzt schon Beelitz zu sehen. Dort bei der Kirche steht die frisch restaurierte Alte Posthalterei von 1798. Preußens Adler über der Durchfahrt glänzt tiefschwarz. Auf der einen Seite vom Flur lag die Amtsstube, das Postamt und auf der anderen warteten die Passagiere darauf, dass es mit frischen Pferden weiterging. 60 Tiere und 17 Wagen standen in Ställen und Remisen. Davon ist nichts mehr übriggeblieben, wie der Augenschein von der rückwärtigen Seite, der Mauerstraße her, lehrt. Beelitz, trotz renovierter Fassaden keine Schönheit, entwickelt hier hinten einen gewissen Charme. Die Gasse voller Armeleutehäuser läuft einmal rund um die ganze Altstadt herum.

Ende der Tour auf alten Kutschwegen. Nachspann: Ein Stückchen echte Poststraße gibt es auch heute noch: Hinter Beelitz führte der Weg nämlich seinerzeit nicht wie die Bundesstraße heute direkt auf Potsdam zu, sondern knickte rechts ab, Richtung Kähnsdorf; am Ufer des Seddiner Sees entlang ging es über Wildenbruch nach Saarmund, wo man seit alters her gut über die Nuthe kam. Wer nun von Michendorf aus Wildenbruch durchfährt, findet nach 200 Metern rechts ein Straßenschild »Alte Poststraße«.

Michael Winteroll

TIPPS
ZUR TOUR Die Gesamtlänge der Tour beträgt 22 Kilometer.
Auto: Bis zur Autobahnabfahrt Saarmund und über Langerwisch, Michendorf auf der B 2 zum Ausgangspunkt Buchholz.
Bahn: Mit der S-Bahn bis Potsdam-Stadt, von dort weiter nach Buchholz; Rückfahrt ab Beelitz.

NACHRICHTEN AUS
DER PREUSSISCHEN PROVINZ

Zwischen den Dörfern des Oderbruchs liegen kurze Distanzen und ganze Welten

Hier hat, am Abend des 12. August 1759, nach der katastrophalen Niederlage von Kunersdorf, König Friedrich II. seinem Minister Graf Finckenstein einen Brief der äußersten Mutlosigkeit und Verzweiflung geschrieben: »Ich muss gestehen, dass ich alles für verloren halte. Den Untergang meines Staates vermag ich nicht zu überleben. Adieu für immer.« Doch 24 Stunden später fand sich der klägliche Rest der preußischen Armee, ganze 3000 Mann, schon wieder auf das Vierfache gestärkt und gesammelt: kein Kronverzicht, kein Selbstmord der diesmal sieglosen Majestät.

Hier hat, 1807, der Arzt und Landwirt Albrecht Daniel Thaer die so genannte Dreifelderwirtschaft mit ihrer unproduktiven Brache durch die Fruchtwechselwirtschaft abgelöst – ein Gedanke, der alsbald jeden klugen Bauern überzeugte.

Und hier machte sich, 1860, der sonst allzeit gerechte Theodor Fontane ein wenig unsachlich lustig über »die triviale Komik von ›Güstebiese‹ oder ›Lietzegöricke‹«. Obwohl ihm natürlich bekannt war, dass es sich bei Neulietzegöricke um die Siedlungskeimzelle des Oderbruchs handelte, um das erste von 43 Kolonistendörfern in der trockengelegten, fortan überaus fruchtbaren Flussniederung.

Die Ortsnamen-Vorsilbe »Neu«, so oft anzutreffen wie sonst wahrscheinlich nirgends auf ähnlich engem Raum in Deutschland, verweist auf zahlreiche gleichzeitige Gründungen ab 1753.

Damals waren die von Friedrich II. sechs Jahre zuvor befohlenen, durch den berühmten Mathematiker Leonhard Euler gebilligten und durch den holländischen Kriegsrat Simon Haerlem realisierten Oder-Begradigungen und -Eindeichungen zu einem vorläufigen guten Ende gediehen.

Das Königreich Preußen hatte 130 000 Morgen Land gewonnen, das noch 1736 schutzlos eine gewaltige Überschwemmung erleiden musste. Kronprinz Friedrich hatte sie miterlebt und den nachhaltigen Anstoß zum großen Entwässerungswerk empfangen. Rückschauend würde er sagen können: »Ich habe eine Provinz gewonnen.«

Zweieinhalb Jahrhunderte danach »gewinnt« sie der motorisierte Tagestourist vorteilhafterweise über die Bundesstraße 158 Berlin–Bad Freienwalde. Unter etlichen Sehenswürdigkeiten der erkennbar aufstrebenden Kurstadt sei zuerst die zweckdienlichste angeraten. Im 100 Jahre alten Oderland-Museum, Uchtenhagenstraße 2, erfährt man viel zur Geschichte der Region. Etwa über die Hechtreißergilde. Sie registrierte König Friedrichs Trockenlegungsehrgeiz mit Missfallen, weil er den ehedem sagenhaften Fischreichtum der Oder schmälerte. Und gerade eingesalzene Hechte waren Objekte eines florierenden Fernhandels, der sogar italienische Kunden belieferte.

Mehrfach kommt im Museum die ernste Aufforderung »Wahre und wehre!« vor, Mahnung zu Schutz und Mehrung der Deiche. »Zehen Jahre zur Karre in eine Vestung« geschickt, ja »gar am Leben gestraffet werden« konnte früher jedermann, der »Dämme durchsticht oder der Umwallung bey der Oder schadet«.

Zwar erntet man im Oderbruch weiterhin, wenngleich in deutlich geringerem Umfang, Fische, dafür Gurken, Salat, Blumenkohl tonnenweise. Nicht zu verachten ist auch der Erholungswert stillverträumter Windungen der Alten Oder – abgeschnürte, allmählich verlandende Flussschleifen –, wie sie nordwestlich von Bad Freienwalde (Richtung Bralitz, Oderberg) oder südöstlich davon (Richtung Altranft, Wriezen) angetroffen werden.

Obendrein bietet sich weitere Besinnung auf preußische Geschichte an. Das Oderbruch ist nicht nur des Königs ureigener Bezirk, es ist zugleich die Landschaft von Ministern und Militärs. Auf Reitwein saß der

erwähnte Finckenstein, auf Gusow der Generalfeld-
marschall Derfflinger, auf Quilitz der reformfreudige
Staatskanzler Hardenberg, auf Friedersdorf dessen kon-
servativer Gegenspieler Marwitz. Ringsum Dutzende alter märkischer Adelsfamilien.

Quilitz, später Neuhardenberg, dann – zufolge SED-
Anordnung vom 1. Mai 1949 – Marxwalde, heute wieder
Neuhardenberg: Nach der Niederwerfung Napoleons
hatte König Friedrich Wilhelm III. 1814 die Besitzung
seinem verdienten Kanzler übereignet. Der Lenné-Park
um das Schloss mit Schinkel- und Langhans-Anteilen
bietet schöne Spazierwege. Wiederhergestellt ist das
Denkmal für Friedrich II. aus dem Jahr 1792, das sich
hell von der sattgrünen Naturkulisse abhebt. Die gepflegten Grabstätten derer von Hardenberg an der
Rückseite der benachbarten kleinen Schinkel-Kirche
sind zugänglich.

Im wenige Kilometer entfernten Friedersdorf hatten
bald nach der Wende junge Mitglieder der Kirchenge-
meinde mit mühevollem Freilegen wild überwachsener
Marwitz-Gräber erst das volle Ausmaß von Vandalis-
mus enthüllt, dem zerbrochene Steine und Metallplat-

Entweder – oder.
Wegweisungen
in Groß Neuen-
dorf/Oderbruch

ten ausgesetzt gewesen waren. Da darf die von Günter de Bruyn kundig kommentierte Ausgabe der »Nachrichten aus meinem Leben« des Friedrich August Ludwig von der Marwitz (1777–1837) als eine Art Wiedergutmachungsversuch gelten.

In Möglin steht das alte Gutshaus, der Park präsentiert sich, einschließlich malerischem kleinem Teich, erfreulich geordnet. Ausgiebig hingewiesen wird auf den Mann, der dem Dorfnamen Klang verschaffte in der Welt: Albrecht Daniel Thaer (1752–1828).

Seine »Beschreibung der nutzbarsten neuen Ackergeräthe« ist Anfang des 19. Jahrhunderts umgehend ins Französische und Russische übersetzt worden. Sein efeuumbuschtes Grab wird ordentlich gehalten. Seine steinerne Porträtbüste blickt zu einer prachtvollen Trauerweide, die lange Zweige in den Teich hängt und wohl schon zu Lebzeiten des rastlosen Reformators der Landwirtschaft gestanden haben mag. Man erhält Zutritt zu einem Ausstellungsraum voller Auskünfte über Thaers Wirken, dessen sich inzwischen auch eine regsame Fördergesellschaft annimmt.

Günther Bellmann

TIPPS ZUR TOUR Eine Eisenbahnlinie ins Oderbruch verläuft von Berlin-Lichtenberg nach Wriezen (RB 60, im Stunden-Takt, Fahrzeit reichlich 80 Minuten). Bad Freienwalde liegt, zwei Stationen vor Wriezen, an der Strecke.
Autofahrer erreichen Bad Freienwalde auf der B 158 (38 Kilometer ab Berliner Ring/Ausfahrt Hohenschönhausen). Über Wriezen nach Neuhardenberg, Gusow (Museum, u.a. reiche Zinnfigurensammlung mit Dioramen von Schlachten des Großen Kurfürsten und seines Generalfeldmarschalls Georg von Derfflinger) und Friedersdorf auf der B 167 Richtung Seelow, ca 44 Kilometer. Möglin liegt sechs Kilometer südwestlich von Wriezen an einer Landstraße. Ab Seelow bietet sich zur Rückkehr nach Berlin die B1 an; 45 Kilometer bis zum Schnittpunkt mit dem Berliner Ring.

»IM ZAUBER DER ZAUCHE«

Mit dem Fahrrad durch die Welt Peter Huchels

Wo, bitte, liegt das Herz der Mark Brandenburg? Vielen mag das herzlich schnuppe sein. Wen es dennoch interessiert: Es liegt da, wo der Berliner es schon immer vermutet hat, gleich um die Ecke.

Unmittelbar hinter der südlichen Stadtgrenze Potsdams beginnt eine Landschaft sanfter Endmoränenhügel, die Zauche. Dass es hier schön ist, sieht jeder. Der Seele des Landes, seiner heimlichen Magie aber wird er vielleicht erst gewahr bei diesem Text:

Wo der karge, von Roggen, Kartoffeln und Lupinen bestandene Boden seinen schlafenden Ackerweg ganz in der krautigen Brache versanden läßt, wächst nichts als wilder Hafer und dürre Kiefernheide: watet man aber durch Wellen von Farn die Föhrenhügel hinauf und sieht plötzlich, im blauen Feuer des Mittags, einen von Algen verschleierten See unter sich – dann nimmt das Land eine sanfte Gewalt an. Noch steht man in der brandigen Luft von Harz und Borke, auf einem moosarmen, nur von Kiennadeln überknisterten Grund, doch man blickt hinab und fühlt, wie schön dort unten, im Zauber der Zauche, Wald, Schilf und Wasser beieinanderliegen.

Das will des Klanges halber laut gelesen sein. Man meint die Kiefern zu riechen und spürt, hier spricht ein Liebender. Autor ist Peter Huchel (1903–1981). Kleine Umfrage im Bekanntenkreis: kaum einer kennt ihn. Ob noch jemand seine Gedichte liest? Machen wir uns also auf zu einem schönen Stückchen Erde nahe Berlin, das zugleich Dichterland ist.

Am Bahnhof Michendorf hält man sich rechts und durchquert den Ort auf der Hauptstraße, um am Ortsende links in die Luckenwalder Straße einzubiegen, drei

Kilometer Chaussee führen nach Wildenbruch. Ein alter Mann sammelt die Äpfel am Straßenrand in den Fahrradanhänger.

Vor 50 oder 60 Jahren kann es kaum anders ausgesehen haben, als Huchel »Oktoberlicht« schrieb:

Oktober, und die letzte Honigbirne
hat nun zum Fallen ihr Gewicht,
die Mücke im Altweiberzwirne
schmeckt noch wie Blut das letzte Licht,
das langsam saugt das Grün des Ahorns aus,
als ob der Baum von Spinnen stürbe,
mit Blättern, zackig wie die Fledermaus,
gesiedet von der Sonne mürbe.

Die Landschaft der Mark ist nicht eben häufig besungen worden und noch seltener in Dichtung von Rang, wie Gottfried Kellers »Wilhelm von Humboldts Landhaus am Tegelsee« oder Georg Heyms »Die Dampfer auf der Havel«. Und meistens kamen die Autoren aus der großen Stadt Berlin aufs Land. Huchel schrieb, obwohl nahebei, gewissermaßen mit dem Rücken zur Stadt. Er ist hier draußen aufgewachsen, und ein Leben lang hat er Bilder aus diesen frühen Erfahrungen geschöpft. »Heimatdichtung« lag ihm dabei fern. Aber selbst wenn der Dichter im Gewand des griechischen Geschichtsschreibers Polybios quälende Kriegserlebnisse beschreibt, brennen zusammen mit den antiken Dörfern immer auch die Häuser der eigenen, märkischen Welt.

Angekommen in Wildenbruch, biegen wir rechts ins Dorf, lassen die Feldsteinkirche aus dem 13. Jahrhundert rechter Hand ebenso liegen wie das Gasthaus »Zur Linde«, in dem man so gut isst, und gelangen an das Ufer des Großen Seddiner Sees, dem wir folgen. Waldige Kiefernhügel beginnen, schließlich stößt man auf den Fahrweg nach Kähnsdorf. Am Campingplatz im Wald lassen wir die Fahrräder stehen, wählen einen der Pfade bergauf, bis unweit der Kuppe des »Rauher Berg« genannten Hügels die Föhren den Blick auf den Kähnsdorfer See freigeben.

An diese Stelle hat Huchel 1932 die Leser der »Literarischen Welt« mit dem eingangs zitierten Text führen wollen. Die Zeitschrift hatte berühmte Autoren, darunter Thomas Mann, gebeten, deutsche Landschaften zu beschreiben; »ein kleines Lehrbuch des Sehens« sollte es werden. Die Mitte Deutschlands übertrug man – »Berlin Alexanderplatz« war gerade erschienen – Alfred Döblin, der Berlins Zentrum schilderte, und dem jungen Lyriker Huchel, der seinem Text sogar die Bus- und Bahnverbindungen beifügte.

Hier oben, windgeschützt auf trockenem Waldboden, wäre ein guter Platz für ein Picknick, falls Sie zuvor den Lockungen der »Linde« widerstanden haben.

Anschließend geht es auf gleicher Straße zurück, dem Fahrweg folgend nach Fresdorf. Wer am Wochenende kommt, findet mitten im Ort auf dem weitläufigen Anger die ehemalige Schmiede geöffnet. Rauch quillt aus dem Schornstein: »Weinschmiede« steht an der Tür. Setzen Sie sich am besten direkt neben die Esse und blicken ins Feuer. Sehr stimmungsvoll. Im Sommer bietet auch der Schmiedegarten angenehme Plätze. Von Fresdorf gelangt man wieder nach Wildenbruch, rechts in die Potsdamer Straße, und nach zwei Kilometern sind wir in Peter Huchels Kindheitsort Alt-Langerwisch.

Geboren in Lichterfelde, kam er mit vier Jahren zum Großvater hierher aufs Dorf. An der großen Straßenkreuzung liegt immer noch der stattliche Gasthof »Zum alten Schloss«, den der Großvater gebaut hat. Heute ein Haus für Spezialitäten aus fernen Weltgegenden. Immer wieder taucht der Ort in Huchels Gedichten auf:

Kindheit in Alt-Langerwisch
Kindheit, oh blühender Zauch,
wo wir im nußweißen Tag,
klein im Holunderrauch
waren den Hummeln nach.
Vor uns die Wolken schön
liefen wie jappende Doggen.
Dengeln und Wetzsteingetön
herrschten im Roggen.

**Die Wein-
schmiede in
Fresdorf**

Nur ein paar hundert Meter hinter Langerwisch beginnt
die Landhaussiedlung Wilhelmshorst. Wir queren zweimal die Bahn, biegen anschließend an der zweiten Ecke
links ein (»An der Aue«). Die zweite Querstraße rechts ist
dann der Hubertusweg (Namensschild fehlt). Hier, Nummer 41, hat Huchel nach dem Krieg gewohnt. In einem
voll gestopften Arbeitsraum des Erdgeschosses wurde
die Zeitschrift »Sinn und Form« redigiert, gegen Staats-
misstrauen und westliche Anfeindungen eine der wich-
tigen Literaturzeitschriften nach dem Krieg. Diskussi-
onsplatz mit weitem Horizont. 1962 war Schluss, Huchel
wurde abgelöst. »Leute meiner Generation wie Arnold
Zweig, Anna Seghers …, mit denen ich früher befreundet
war, haben mich von heute auf morgen nicht mehr ge-
kannt und besucht auch nicht. Ich saß völlig vereinsamt
da.« Man bespitzelt ihn. In dem Gedicht »Hubertusweg«
heißt es über den »Nachbarn«: »Was fällt für ihn ab,
schreibt er die Fahndung/ins blaue Oktavheft, die Au-
tonummern meiner Freunde«. Heute beherbergt das
Haus eine Huchel Forschungsstätte.

Zur Hauptstraße zurück, durch Wilhelmshorst hindurch und weiter Richtung Potsdam. Bevor die Straße die Bahn überquert, biegen wir nach links in den Wald. Ein alter Weg, der »Caputher Heuweg«. Über ihn heißt es im gleichnamigen Gedicht.

Am Waldrand, wo schackernd die Elstern schrien,
Stand halb in der Erde ein Mann und schlug
Mit Axt und Keil aus Stubben den Kien.
Wann war dieser Sommer? Ich weiß es nicht mehr.
Doch fahren sie Grummet, der Sommer weht her
Vom Heuweg der Kindheit, wo ich einst saß,
Das Schicksal erwartend im hohen Gras,
Den alten Zigeuner, um mit ihm zu ziehn.

Am Ende des Weges liegt der Templiner See, nach links geht es auf Caputh zu, wo wir bei der Kirche die Straße nach Michendorf nehmen; noch einmal bergauf. Dort biegen wir nach rechts und gelangen wieder zum Bahnhof.

1971 hat Huchel die DDR verlassen. Im Westen wurde aus dem geächteten Dichter ein mit Preisen ausgezeichneter Kleinrentner, der durch Lesereisen seine Einkünfte aufbessern musste. Die 70er Jahre waren keine günstige Zeit für Lyrik. Es gibt traurige Berichte über diese Vortragstouren des alten Mannes. 1981 ist er in Freiburg/Br. gestorben. Den Verlust seiner Landschaft hat er nie verwunden. Wir können jetzt ihre Hügel leicht durchstreifen, seine Gedichte lesen. Und hat nicht mal jemand gesagt, das Herz eines Landes seien seine Dichter?

Michael Winteroll

Nach Michendorf fährt stündlich die Regionalbahn ab Bahnhof Berlin-Charlottenburg in 30 Minuten. Autofahrer benutzen die Abfahrt Potsdam-Süd auf dem Berliner Ring.

TIPPS ZUR TOUR

EINE HAUSWAND ERZÄHLT MÄRCHEN

»Wir sind die Sänger von Finsterwalde« – und alle stimmen ein

Darf man, kann man, soll man? Man muss davon schreiben! Die Stadt mag es verdienen oder nicht, mag es billigen oder zurückweisen: Finsterwalde und seine sprichwörtlichen Sänger gehören seit einem Jahrhundert zusammen. Ohne sie lässt sich ein Finsterwalde-Bild nicht entwerfen; da bestehen höhere Zusammenhänge ähnlich denen zwischen Treuenbrietzen und der Sabinchen-Moritat. Auch der letzte Ignorant soll endlich wissen: »Wir sind die Sänger von Finsterwalde, wir leben und sterben für den Gesang.«

Großstädtisches Kabarett, gar Varieté steckten noch tief in den Kinderschuhen, als dem Berliner »konzessionierten Theaterdirektor« Wilhelm Wolff mit dem »Sänger«-Schwank ein Haupttreffer gelang. Finsterwalde … Kein schlagenderes Gleichwort für scheinbar gottverlassene, bloß herzhaft zu belachende Provinz hätte sich erfinden lassen. Das Stück, 1899 in den Germania-Sälen an der Chausseestraße uraufgeführt, ist vergessen – nicht so der »humoristische Marsch« daraus. Der Gassenhauer-Ohrwurm hat Wolffs andere populäre Schöpfung überflügelt: »Ist denn kein Stuhl da für meine Hulda?!«

Nach solcherlei Präparation kann ermuntert werden zum Besuch einer Stadt, die ihre Tagestour allemal wert ist. Hell und heil – dies der Gesamteindruck. Was immer an Kriegsschäden eine Kommune treffen kann, Finsterwalde hat's im 30-jährigen Krieg vernichtend erlitten. Später flammten zwar hin und wieder Brände auf, aber der Mai 1945 sah, anders als vielerorts sonst in Brandenburg, Schloss, Rathaus, Kirchen und Wohnhäuser weitgehend unversehrt. Ebenso das Wahrzeichen, den markanten Wasserturm mit zwei großen Uhren und von gleich zwei Straßen namens Am Wasserturm flankiert, den Bahnhof, dessen flachkuppelige Ecktürme kurios an Schloss Rheinsberg erinnern, und etliche sehenswerte Gründerzeit- bzw. Jugenstilbauten hauptsächlich am Markt.

Wenn schon von Häusern die Rede ist, dann gehört hierher die Empfehlung: Wie nur wenige brandenburgische Städte lohnt Finsterwalde den Familienbesuch. Ein guter Grund, die Kinder mitzubringen – das 1928 errichtete Märchenhaus, Friedrich-Hebbel-Straße 18 und 20. Jeder Einwohner erklärt auf Anfrage lächelnd und einverständig den Weg Richtung Stadtrand. Offenbar macht bereits der Gedanke an die Schöpfung des Baurates Dassel und des Bildhauers Born die Leute fröhlich.

Die dunkelrote Klinkerfassade des dreigeschossigen Wohnhauses erweist sich als aufgeschlagenes Buch. Von unten bis oben ist sie geschmückt mit 27 Reliefbildern, ja Bilderfolgen nach Motiven der Brüder Grimm. Links unten an der Dachrinne beginnt die Dornröschen-Geschichte. Die weisen Frauen drängen sich um die Wiege der Königstochter. Es folgt der verhängnisvolle Stich beim Spinnen zwischen Rosenstöcken. Daneben kommt, gleichsam eingefroren, der erboste Koch einfach nicht dazu, dem Küchenjungen die fällige Ohrfeige zu verpassen. Den Schluss bildet eine besonders jugendfreie Version der Erlösung: Gezeigt wird statt des prinzlichen Kusses die Sekunde danach.

Rechts oben stolpert Hans im Glück von einem Reinfall in den nächsten, beeinträchtigt allerdings durch die Taktlosigkeit eines Handwerkers. Der hat den Blitzableiter genau über den komischen Abtrieb des ertauschten Schweins gezogen, statt seitlich daran vorbei. Sonst ausschließlich Schaufreude an der Hebbelstraße und ständig neue Wahrnehmungen in der kunstreichen Vielfalt aus Ziegelformsteinen. Pilz und Eidechse am Waldboden fehlen genauso wenig wie Eichhörnchen und Vogel im Gezweig oder der Nachttopf unter dem Bett von Rotkäppchens Großmutter.

Die Überraschungen setzen sich fort in der Langen Straße 8. Brandenburgs einziges Museum für die His-

torie des Einzelhandels besteht vor allem aus einem
leibhaftigen Tante-Emma-Laden mit Türbimmel und jenen dickbauchigen Bonbongläsern, die sich einst den
Sprösslingen guter Kundinnen kostenlos auftaten. Ist es
zu bedauern, dass dieses dunkle Verließ der Kräuter-
likörflaschen und Suppenwürfel, der Schubkästen voller
Macisblüte und »Ingber« (tatsächlich so geschrieben),
der Packungen mit Kaffeegewürz und Scheuersand nach
125-jährigem Bestehen 1975 aus Familien- in Museums-
besitz überging? Erweist sich an der Stelle, wo Zucker
und Mehl in bedenklicher Nachbarschaft zu teils gifti-
gen Farben gelagert und offen ausgewogen wurden, der
Sieg des Supermarktes als eitler Wahn?

Müßige Fragen, an Ort und Stelle beantwortet. Das
»Kolonialwarengeschäft« besaß keine Chance, explo-
dierenden Sortimenten und veränderten Käuferan-
sprüchen standzuhalten. Wer jedoch einer nachwach-
senden Generation den eher kleinen kulinarischen
Aktionsradius der Groß- und Urgroßeltern verdeutlichen
möchte, dazu die Intimität eines Warenumschlagplat-
zes ohne Scannerkassen und Hausdetektive, dafür mit
Kredit-Anschreibbuch und sogar einem klappbaren Pa-
tentstuhl für den Kundenschwatz – der ist in Finsterwalde richtig. Denn das hier ist Alltagsgeschichte zum
Sehen und Anfassen. 13 000 Besucher kommen alljähr-
lich.

Weiter zurück in alte Zeiten führt die ritterliche Wand-
malerei an einem Treppenturm des Schlosses. Die dar-
gestellten hoheitsvollen Reiter verdrängen Erinnerungen daran, dass vormals adlige Räuber hervorbrachen,
um Handel und Wandel zu drangsalieren. Finsterwalde
zog sich den gerechten Zorn des Lausitzer Städtebun-
des und einen Vergeltungsschlag zu, der anno 1413 das
Raubrittertum ausräucherte. Es sind weniger ein paar
architektonische Feinheiten, von denen sich der Tagestourist angezogen fühlt – es ist das Ensemble der
schmucklosen, dennoch eindrucksvollen gedrungenen
Baumassen. Ein Schlosspark-Spaziergang ermöglicht
wechselnde Blicke auf die Anlage.

Ein Abstecher über Finsterwaldes Stadtgrenze könnte

dem Wasserschloss Sallgast gelten, ungefähr 15 Kilometer südöstlich gelegen. Landschaft im Überfluss garantiert der weitläufige gepflegte Park mit einer Quelle. Dank getäfelter Räumlichkeiten, geschmackvoller Ausstattung mit Jagdtrophäen und gediegenem Mobiliar verdient die Schlossgaststätte den Namen Restaurant. Eine Fotowand voller Hochzeitsbilder in der Eingangshalle deutet an, wer den stimmungsvollen Platz gern aufsucht.

Vielleicht befinden sich auch mal heiratswillige Sänger aus Finsterwalde darunter, nicht ausgeschlossen angesichts von mehreren Chören in einer Kleinstadt, deren Kantorei seit 1565 bestand. Beim deutsch-französischen Krieg traten 1871 singende Angehörige des Infanterieregiments Nr. 52 aus hiesiger Garnison im »Café Voltaire« des eroberten Reims auf und praktizierten kulturelle Truppenbetreuung.

Weil die Kommunalverwaltung im Schloss amtiert, wurde das Rathaus frei für andere Nutzer. Unter ihnen der Brandenburgische Chorverband e. V., gegründet 1990, wo? Keine Frage – zu Finsterwalde, gleichzeitig Keimzelle und Hochburg märkischen Gesangs.

Günther Bellmann

Eisenbahnreisende nach Finsterwalde nehmen ab Berlin-Ostbahnhof die zweistündlich verkehrenden Züge der Linie RE 5; Fahrzeit knapp 100 Minuten.
Autofahrer benutzen die A 13 vorteilhafterweise nur bis zur Ausfahrt Duben und gelangen auf guten Straßen (B 87, B 96) über Luckau durch angenehme Landschaft ans Ziel.

TIPPS ZUR TOUR

BEI BETTINE
UND ACHIM VON ARNIM

Im Park von Schloss Wiepersdorf

Wiepersdorf ist etwas Besonderes. Märkische Gutshäuser waren keine Musenhöfe, literarische Traditionen
sind sehr, sehr selten. Karge Böden, große Familien, dazu
die preußisch-protestantische Fixierung auf Staat und
Militär boten wenig Platz für die Künste. Ein tüchtiger
Architekt für das Gutshaus, Klavierunterricht für die
Mädchen, das war's meist schon.

Und gar Literatur! Dichter aus märkischem Adel fanden zu Hause und in den eigenen Kreisen kaum Aner-
kennung. Die beiden von Kleist, Ewald und Heinrich,
ebenso wenig wie der unglückliche Friedrich de la Motte
Fouqué (»Undine«), realiter am Rande des Luches, mit
dem Kopf aber in den Wolken eines ritterlichen Arka-
dien lebend, nach kurzem Ruhm bald lächerlich zu Lebzeiten, später vergessen. Arme Teufel in engen Verhält-
nissen allesamt.

Es ist, als habe der Tegeler Gutsherr Wilhelm von
Humboldt seine Gedichtzeilen für sie geschrieben, für
die märkischen Dichter:

Das Leben ist an Möglichkeit gebunden,
und ihre Grenzen sind oft eng gezogen, (...)
Wer um des Tages Glück sich fühlt betrogen,
der heilt im süßen Traum des Wachens
Wunden.

Auch dem Gutsherrn von Wiepersdorf ging es im Grunde
nicht anders. Hier lebte von 1814 bis zu seinem Tode
1831 Achim von Arnim. 1781 in Berlin als Sohn eines
friderizianischen Diplomaten und späteren Intendanten
der königlichen Oper geboren, studiert er in Halle und
Göttingen Rechts- und Naturwissenschaften, befreundet
sich mit Clemens Brentano (1778 – 1842) und wendet

sich der Literatur zu. Romane, Erzählungen, Dramen erscheinen, eine Bildungsreise führt ihn durch Europa. In Heidelberg entsteht ein produktiver Freundeskreis, dem außer Brentano und Arnim die Brüder Grimm in Kassel und der Rechtsgelehrte Carl von Savigny angehören. Gemeinsam mit Brentano sammelt Arnim Volkslieder und gibt sie unter dem Titel »Des Knaben Wunderhorn« heraus.

1811 liegt das alles hinter ihm. Seine Versuche, in den wirren Jahren nach Preußens Niederlage von 1806 ein öffentliches Amt, eine besoldete Aufgabe zu erhalten, waren gescheitert. Um die Schwester des Dichterfreundes Clemens Brentano, Bettina, genannt Bettine, hält er mit den Worten an, er besitze »nichts Rundes außer den Knöpfen an der Jacke«. Zwei Söhne werden geboren. Es ist die bewegte Zeit der Befreiungskriege. Achim dient kurze Zeit als Hauptmann der Landwehr. Im Frühjahr und Sommer 1814 verbringt die Familie erstmals einige Monate auf dem Lande, Berlin ist so teuer, und man muss sparen. Arnimscher Besitz ist das Ländchen Bärwalde im Niederen Fläming, sieben Dörfer mit zwei Herrenhäusern, eines davon Wiepersdorf. Knapp zwei Jahre, zwischen 1815 und 1817, leben Bettina und Achim mit den Kindern ganz hier draußen, anderthalb Tagesreisen von der Stadt entfernt. Eine zwiespältige Idylle. Man bewirtschaftet das verschuldete Gut.

Wilhelm Grimm berichtet seinem Bruder von einem Besuch: »Die Kinder werden fast wie Bauernkinder aufgezogen und laufen in Kitteln, deren Zeug Bettine selbst gewebt ... Arnims Haus ist geräumig ... doch ... inwendig ziemlich verfallen, war aber mit Pracht und eigentlich fürstlich eingerichtet. Zimmer mit purpurseidenen Tapeten und reichen Goldleisten und getäfelter Boden. In seiner Stube liegt alles ziemlich untereinander, die Bettine führt die Haushaltung selbst, hat alles Schwere, z. B. gutes Kochen, leicht erlernt, hat aber keine Lust an diesem Wesen ... Beiden wäre zu wünschen, dass sie aus dieser Lebensart herauskämen.«

Das ist bald der Fall, Bettine geht mit den Kindern nach Berlin. Von nun an lebt man per Distanz und auf Besuch.

Ihrer Ehe tut das gut. Aus der engen Idylle wird ein Briefroman, Hauptfigur Bettine: Sie mahnt und drängt Arnim, seine literarischen Arbeiten nicht zu vernachlässigen, macht Propaganda für die Aufführung seiner Stücke, kümmert sich um den Verkauf der Wiepersdorfer Ernten, von Butter und Eiern, verteilt das Wildbret in der Berliner Bekanntschaft und versorgt den »guten Alten« mit Klatsch über die Stürme im Wasserglas an der Spree.

Sieben Kinder bringt sie zur Welt, erzieht sie, kocht für sie und spielt mit ihnen, sucht Lehrer aus und Kindermädchen, wacht nächtelang, selbst nicht gesund, an den Betten der Fiebernden, kümmert sich um das Schwimmenlernen. Geld ist knapp. Um während der Wiepersdorfer Sommerferien die Berliner Wohnung zu sparen, sucht und bezieht sie ständig neue Quartiere. Mit Mühe kann Achim ihr ausreden, eine Kuh zu halten.

Schloss Wiepersdorf von der Parkseite

Von all dem berichten die Briefe. Vielleicht sollten Beifahrerin oder Beifahrer auf der langen Fahrt in den Fläming zur Einstimmung daraus vorlesen. Die Art, wie Bettine und Achim einander gelten lassen, ihre liebe-

volle Zuwendung zu den Kindern, die spürbare Zärt-
lichkeit noch nach vielen Ehejahren berühren den Leser
unmittelbar.

Der Ort Wiepersdorf ist winzig, das Schloss nicht zu
verfehlen. Von der Straße führt der Weg vorbei am Haus,
um den östlichen Atelierflügel herum in den Park. Auf der
Straßenseite nur ein stattliches Gutshaus, wird Wiepersdorf hier auf der Westseite zum Schloss. Von der
großzügigen Terrasse führt eine Freitreppe ins Garten-
parterre, italienische Plastiken und Vasen, rechter Hand
eine Orangerie in zartem Gelb: zu Gast bei Bettine und
Achim? Nicht ganz. Damals sah es etwas anders aus. Ein
anderer Achim von Arnim (1848–1891), Enkel des Dichterpaares, als Maler bei Piloty in München ausgebildet,
hat Haus und Park vor 120 Jahren verändert. Auch die
Kirche rechts vom Schloss wurde seinerzeit umgebaut.

Neben ihr, eingezäunt, das Familienbegräbnis. Achim
und Bettine liegen hier, und noch immer finden sich
manchmal Blumen auf Bettines Stein. Unter Achims
Namen steht »Deutscher Dichter«, unter Bettines nur
»vermaelt mit Ludwig Achim von Arnim«. Ihr Jahrhundert, das der Konvention und Wohlanständigkeit, hat sie
im Tod fürsorglich eingeholt. Der Grabstein deckt nicht
nur ihre Gebeine, er deckt ihr Leben zu.

In der Ehe, schrieb sie einmal, »da kamen meine Kinder, da dacht' ich an weiter gar nichts und war wie die
Katz' mit ihren Jungen«. Nach dem Tod ihres Mannes
wird das anders, fast drei Jahrzehnte soll sie ihn überleben. Sie tritt als Autorin hervor, »Goethes Briefwechsel
mit einem Kinde«, ihr erstes Buch, begeistert viele, befremdet andere. Mit »Dies Buch gehört dem König«, der
Schilderung des Elends in Berlins ersten Mietskasernen,
den Familienhäusern auf dem so genannten Vogtland,
schreibt sie so etwas wie die erste deutsche – und erste
Berliner – Sozialreportage.

Bis 1945 fiel das Gut von einer Generation an die
nächste. Der letzte Besitzer, Friedmund von Arnim, wurde
1945 auf seinem Gut Zernikow, nördlich Berlins in der
Uckermark, von russischen Soldaten festgenommen
und ist in einem Lager bei Moskau gestorben.

Seine Schwester, die in Wiepersdorf lebende Malerin Bettina Encke, geborene von Arnim, hatte die Idee, aus dem Haus Achim Arnims einen Arbeitsort für Schriftsteller zu machen. Der Gedanke fand Anklang – die Urheberin musste trotzdem gehen. 1946 kamen die ersten Autoren; Anna Seghers hat Monate hier verbracht und geschrieben.

Das Haus wurde mehrfach restauriert, zuletzt Anfang der 90er Jahre. Von der ursprünglichen Einrichtung ist kaum etwas vorhanden. An das Dichterpaar erinnert ein kleines Museum. Der Park ist zugänglich, und im Sommer kann man an den Wochenenden in der Orangerie Kaffee trinken. Im übrigen ist Wiepersdorf – viele umliegende Gebäude, wie der einstige Dorfkonsum, gehören inzwischen dazu – ein Ort für Maler, Musiker und Autoren geblieben, die als Stipendiaten für ein paar Monate hierher kommen. Falls Zimmer frei sind, werden sie auch an Touristen vermietet; mit etwas Glück können Sie sich also als Gast von Bettina und Achim von Arnim fühlen.

Michael Winteroll

TIPPS ZUR TOUR Wer ohne Auto anreist, hat es schwer: Am einfachsten, wenn auch nicht ganz billig, ist wohl die Kombination Bahn-Taxi. In Jüterbog ist man schnell (Interregio oder Regionalexpress, Fahrzeit rund eine Stunde); dort stehen Taxen, die einen für etwa 15 Euro ans Ziel bringen.

Autofahrer wählen die B 101 bis Jüterbog, hinter der Stadt die 102 bis Nonnendorf, dort rechts ab bis Wiepersdorf (etwa 70 Kilometer).

Die Übernachtungspreise im »Künstlerhaus Wiepersdorf«, wie das Schloss heißt, sind unter der Rufnummer (03 37 46) 69 90 zu erfragen. Das Museum ist (außer Dezember und Januar) an Wochenenden und Feiertagen jeweils von 14 bis 16 Uhr geöffnet. An Ostern und Pfingsten finden Führungen statt, die man zu anderer Zeit rechtzeitig vorher vereinbaren muss; mitunter führt eine Urenkelin des Dichterpaares. Das Café in der Orangerie hält zwischen Ostern und Ende Oktober an den Wochenenden und feiertags von 12–18 Uhr geöffnet.

596 227 TALER IN RAUCH AUFGEGANGEN

Nach dem verheerenden Stadtbrand von 1787
bekam Neuruppin seinen Karree-Grundriss

Ein Mann in würdigem Schwarz hastet um die langge-
streckte Nordspitze des Ruppiner Sees. Als Superin-
tendent und Inspektor der Kirchen und Schulen ist er an
Pferd und Wagen gewöhnt; der strapaziöse Zehn-Kilo-
meter-Eilmarsch – zur Mittagsstunde des 26. August
1787 hatten sich auf die Schnelle weder Kutsche noch
Fährboot zwecks Abkürzung des Weges auftreiben lassen – bringt ihn an den Rand seiner Kräfte. Johann
Cuno Christoph Schinkel läuft um das Leben seiner
Frau, seiner fünf Kinder, seiner ganzen Stadt. Neuruppin brennt!

Als ihn der nachgeschickte Wagen erreicht, wirft er
sich schweißnass hinein, stürzt sich dann in die Ret-
tungsarbeiten beim Stadtbrand – und holt sich eine
Lungenentzündung, an der er stirbt. Seine Witwe zieht
mit den drei Töchtern und zwei Söhnen ins verschont
gebliebene Predigerwitwenhaus, Fischbänkenstraße 8.
Von dort aus empfängt Karl Friedrich Schinkel, sechs
Jahre alt, den bestimmenden Eindruck seiner Kindheit,
der ihn fürs Leben prägen wird: Bis 1794, als die gatten-
und vaterlose Familie nach Berlin übersiedelt, sieht er
fast nichts anderes als Maurer, Gerüste und neue Häuser, hört er tagtäglich den Klang der Kellen am Stein,
riecht er Mörtel, schmeckt er Kalkstaub. So wie die zu
zwei Dritteln eingeäscherte Stadt wieder ersteht, so
keimt wohl im Knaben Schinkel der Plan, Baumeister
zu werden.

Noch 200 Jahre später ist beides in Neuruppin lebendig: der katastrophale Brand – die Stadt verdankt ihren
schachbrettartigen Grundriss dem Neuaufbau im amt-
lich angeordneten so genannten Karree-System; Schinkel – nach ihm wurden eine Straße und eines der zwei

großen Ausflugsmotorschiffe benannt, die zu schöner Jahreszeit den Ruppiner See und angrenzende märkische Gewässer bis Lindow und Kremmen befahren. Das Schinkel-Denkmal nahe der Pfarrkirche zeigt den Klassizismus-Könner.

Näheres in der August-Bebel-Straße 14/15, wo hinter vorteilhaft aufgefrischter Fassade eines der reichhaltigsten Heimatmuseen ganz Brandenburgs empfängt. Kunststück: Es wurde bereits 1865 gegründet, als man anderswo noch nicht entfernt an dergleichen dachte. Das wilde Feuer bekommt hier Anschaulichkeit. Von einer Scheune vor dem Berliner Tor ausgegangen, vernichtete es binnen knapper Stunden den größten Teil der Stadt und – auch dies ein schlimmer Verlust – Erntevorräte und Vieh. Den Flammen fielen zum Opfer: acht Menschen, 401 Bürgerhäuser, eine Schule, drei Kirchen, 159 Neben- und Hintergebäude, 228 Ställe, 38 Scheunen. Mit dem Rathaus ging das gesamte Archiv verloren. Mehr als 4000 der 6500 Einwohner wurden obdachlos. Der Brandschaden ließ sich bis auf die Einerstelle berechnen. Unterm Strich erschien die ungeheure Summe von 596227 Talern.

Zum Vergleich: Sammlungen in zahlreichen Städten auch außerhalb Preußens, bei denen mit Spenden wohl nicht gegeizt wurde, erbrachten 48 000 Taler. Daniel Chodowiecki verfertigte den Kupferstich »Ruppina in der Asche liegend« (das Museum zeigt ihn) und ließ die Blätter für zwölf Silbergroschen pro Stück zu Gunsten der Geschädigten verkaufen. Dokument einer Zeit ohne Fotografie und illustrierte Zeitschriften. Hinsichtlich ihrer Vorläufer sollte es »Ruppina« alsbald zu mächtigem Renommee bringen. »Neu-Ruppin, zu haben bei Gustav Kühn«, lautete die brachial gereimte Zauberformel. Die Firmen Kühn und Oehmigke & Riemschneider produzierten während des 19. Jahrhunderts um die Wette unterhaltende, belehrende und erbauliche Bilderbogen, zeichnerische Konfektion für ein universales Publikum: »Alle Land- und Stadtbewohner, so weit der Himmel blau ist.«

22000 verschiedene Motive von der Attentatsszene

bis zum Vulkanausbruch, von der phasenweise vorge-
führten Bibelgeschichte bis zur zwerchfellerschüttern-
den Illustration des Halleschen Stiefelknechtsgalopps
(»Herr Schmidt, Herr Schmidt!/Was kriegt denn Jul-
chen mit?«) sind in alle Welt gegangen. Selbst Hinterin-
dien blieb zufolge verlässlicher Bekundung nicht aus-
gespart. Oder soll man bissig »nicht verschont« sagen?
Und die lithographischen Erzeugnisse leben weiter! Das
Museum bietet Reproduktionen nach Blättern seiner
bemerkenswerten Sammlung an. Außerdem gibt's als
Relief-Zinnguss auf kleiner Holzplatte die Nachbildung
der meistbesuchten Sehenswürdigkeit am Ort, des Fon-
tane-Denkmals.

Na endlich! Schinkel in allen Ehren, aber der ist fort-
gereist. Theodor Fontane ebenfalls? Nee, nicht direkt.
Neuruppins anderer großer Sohn, Namenspatron für
Straße und Schiff auch er, blieb eigentlich immer irgendwie präsent. Kronzeugen sind seine Romane bis hin zum
abschließenden »Stechlin«, ohne grafschaftlich-ruppi-
nisches Kolorit überhaupt nicht zu denken. Die »Wanderungen durch die Mark Brandenburg« und die auto-
biographischen Aufzeichnungen »Meine Kinderjahre«
enthalten warmherzige Liebeserklärungen an die Hei-
matstadt.

Wir befinden uns also in den engeren Fontaneschen
Stammlanden. Was der Dichter-Landsmann etlichen
Neuruppinern bis auf den heutigen Tag bedeutet, machte
kürzlich eine Einwohnerin mittleren Alters vor seinem
Geburtshaus spontan erkennbar. Mitten im vormittäg-
lichen Getriebe auf der stark frequentierten Karl-Marx-
Straße gab sie, den Vorübergehenden sich zuwendend,
laut ihrer Freude Ausdruck: »Nun ist es wieder dran, das
W an unserem Fontane-Haus!« Ihr war eben aufgefal-
len, dass man das lange Zeit defekte Neon-W in der
Fassadenschrift Löwen-Apotheke ergänzt hatte. Dut-
zende Blicke folgten ihrer weisenden Hand. Ein halbe
Minute lang lächelte die Straße einverständig.

Aus der Löwen-Apotheke ist keine Fontane-Apotheke
geworden (dafür besitzt Berlin deren vier), und das
schöne Fontane-Denkmal in kleiner Grünanlage ent-

Fontane-
Denkmal in
Neuruppin

596 227 TALER

behrt gleichfalls jeden gedenkoffiziellen Charakters. Der Bildhauer Max Wiese zeigt den rastenden märkischen Wanderer auf einer Bank; der Blick mag noch einmal geruhsam jenen Eindruck überprüfen, der zuvor im Notizbuch festgehalten worden war.

Ein paar Schritte westwärts beginnt ein empfehlenswerter Spaziergang um den historischen Stadtkern herum, der Wall. Friedrich II., als junger Kronprinz zeitweilig Neuruppiner Garnisonkommandant, hat die dreifach parallel laufende mittelalterliche Befestigung zumindest teilweise vor dem schon begonnenen Einebnen bewahrt. Jetzt bietet sie nicht zuletzt radfahrenden Kindern willkommenes Abenteuerterrain. Dessen Schwierigkeitsgrad lässt sich daran ermessen, dass einige Bikes kopfstehend einer improvisierten Reparatur unterzogen werden müssen.

Ortskundige hatten mitgeteilt, der baumgesäumte, beim Tempelgarten (Knobelsdorff-Pavillon, früheste Schöpfung des nachmals hochberühmten Sanssouci- und Staatsopern-Erbauers) beginnende Wall ende am Rheinsberger Tor. Das will sich jedoch zunächst nicht entdecken lassen; der Tagestourist versteht bloß »Bahnhof«. Die Irritation weicht, indem herausgefunden wird: Ein überkommener Torturm ist, originelle Idee, dem Gebäude des Bahnhofs »Neuruppin-Rheinsberger Tor« eingegliedert worden.

Günther Bellmann

TIPPS ZUR TOUR

Nach Neuruppin verkehren Züge der Linie RE 6 im Stundentakt ab Berlin-Charlottenburg. Fahrzeit: 80 Minuten. Autofahrer benutzen die A 24 Berlin–Rostock bis zu den Ausfahrten Neuruppin-Süd oder Neuruppin. Die Entfernung ab Berliner Ring/Autobahndreieck Havelland beträgt 39 Kilometer.

BRANDENBURGS BAROCKE PERLE

Das Kloster Neuzelle – Wallfahrtsort für Gläubige
und kunsthistorisch Interessierte

In Neuzelle ist die Mark zu Ende. Beinahe steil fällt das Land ab, und bis zur Oder erstrecken sich die Wiesen. Auf dem letzten Hügel aber, da setzt das Kloster Neuzelle ein Ausrufezeichen, massive Mauern, überragt von einem Zwiebelturm.

Streng ist Brandenburgs Gotik, geziegelt, Backstein für Backstein strebt sie steil empor. Doch hier, verrät die geschwungene Haube schon von weitem, ist alles anders. Eine barocke Perle, schwärmen manche Kunsthistoriker, einzigartig zwischen Elbe und Oder. Zwei Sterne war das dem DDR-Tourist-Führer »Dome, Kirchen, Klöster« wert. Denn als die Geschichte für Lehnin und Chorin vorbei war, die Reformation triumphierte, da fingen Neuzelles Äbte erst richtig an.

Nie reichte der Arm der Brandenburger Kurfürsten nach Neuzelle. »Jochimken, Jochimken, höre Du, wo wir Dir kriegen, hangen wir Dir«, übersetzten Heimatforscher einen Raubritterreim des 16. Jahrhunderts. Leider waren die Strauchdiebe sehr zahlreich, und die Chronisten wünschten insgeheim, Kurfürst Joachim würde kommen, für sichere Verhältnisse sorgen auf der Straße zwischen Frankfurt und Guben. Später pflegten Sachsens Herrscher in Neuzelle einzukehren, wenn sie am Rande ihres Reiches die Oder überquerten, etwa auf dem Wege von Dresden nach Warschau. Die Evangelischen kamen erst 1817. Da machten die Preußen Schluss mit dem letzten Kloster hierzulande und richteten ein Lehrerseminar ein.

Heute ist der Ort fester Bestandteil Brandenburgs, keine Spur mehr von Wegelagerern, allenfalls Schlaglöcher fordern die Aufmerksamkeit des Reisenden. Doch immer noch hat ein Katholik die Schlüsselgewalt. Mitten in der Diaspora öffnet Pfarrer Ansgar Florian die

Pforte der Stiftskirche für Gläubige und Neugierige. Gewöhnt an die norddeutsche Nüchternheit protestantischer Gotteshäuser, verschlägt es einem die Sprache.

Golden schimmern Fresken, aus Porzellan scheinen die Säulen, wie Kerzen gezogen, kunstvoll zu Spiralen verdreht. Berühmt der Hauptaltar, die Emmausgruppe, doch was heißt das schon. Kein Zentimeter Wand scheint frei, in Neuzelle stehen die Altäre Spalier, Maria im brochierten Seidenkleid, daneben Marmor in Rosa und Weiß, als ob er aus halb Europa zusammengetragen wäre. Engel jubilieren zuhauf, die Decke schmücken Heiligenbilder im Stil der Zeit: Offiziere des 30-jährigen Krieges zu Gruppen formiert. Italienische Maler, böhmische und bayerische Stukkateure haben eine Fülle geschaffen, die erst wieder in Böhmen oder Bayern ihresgleichen findet. In den 60er Jahren sei er gelegentlich verspottet worden, sagt Pfarrer Florians Vorgänger, Johannes Magiera. Sputniks stießen damals in den Weltraum vor, da hieß es, »wo ist denn nun dein Gott?«. Der Himmel sei doch keine geographische Kategorie, wunderte sich Magiera. Suchten doch schon die barocken Baumeister den Himmel nicht länger »oben«. Sie inszenierten nach all dem Sterben im 30-jährigen Krieg ein Stück Paradies auf Erden, zum Lobe des Herren natürlich.

Zuviel für einen halbstündigen Besuch und dennoch ein Muss für kunstbeflissene Pädagogen, die ihren Schülern in den letzten Jahrzehnten den Reichtum der Zisterzienser vor Augen führen wollten. Ein grandioser Irrtum, meint Magiera. Wäre das Kloster wirklich so reich gewesen, die Mönche hätten die alte Kirche niedergerissen und eine neue gebaut.

Die ehedem gotische Kirche wurde seit dem 17. Jahrhundert barockisiert, noch immer ist sie innen als gotische Hallenkirche zu erkennen. Die lichte Höhe ist den Säulenpaaren aber genommen mit all der barocken Fülle. Über 90 Jahre zog sich der Umbau hin. Die Altäre sind geschickte Verkleidung, sie kaschieren die schlanken Stützen, der Marmor aber entpuppt sich bei näherer Betrachtung als Gips. Doch dies war nicht unbedingt eine Billiglösung, handwerklich allemal anspruchsvoll

BRANDENBURGS BAROCKE PERLE

Kloster Neuzelle

und ein Verfahren, das auch auf besser situierten Baustellen gewählt wurde. Marmorierten Gips findet man auch in Dresdens Semperoper. Und in Preußens Schlössern sowieso. Wie die Neuzeller Stiftskirche in gotischer Zeit einmal ausgesehen haben dürfte, kann man in der Sakristei erahnen. Dort ist das Kreuzgewölbe erhalten, sind die Wände schlicht weiß gekalkt.

Schöner Schein also, gelungen die Illusion, doch nur ein Abklatsch dessen, was in Österreich oder Schlesien steht. Sicher, in der einstigen DDR sei man einzigartig gewesen, habe sogar eine Aufwertung erfahren. Seit 1948 sei Neuzelle Wallfahrtsort, im gleichen Jahr wurde das »Bernardium«, das Priesterseminar, auf dem Klostergelände eingerichtet. Heute ist dort das Deutsch-Polnische Gymnasium.

Viel Geld ist in den letzten Jahren in Neuzelle verbaut worden, der Fürstenflügel ist fertig restauriert, der Kreuzgang wird es wohl bald sein. Und auch der Klostergarten ist wieder hergerichtet. Geblieben sind die Datschen, die den Rand des kleinen Parks belagern. Muss man großzügig drüber hinweggucken, dann hat man einen wunderbaren Blick aufs freie Oderland. Überquert man den Klosterhof und passiert die evangelische Pfarrkirche, übrigens eine verkleinerte Ausgabe der römischen Jesuitenkirche Il Gesu, führt der Weg zu einem Bahnübergang. Geradeaus sind es noch etwa drei Kilometer bis zum Fluss.

Folgt man dagegen der Bahnlinie nach rechts, erhebt sich ein kleiner Hügel, das Fasanenwäldchen mit seinem zum Teil uralten Baumbestand. Bei gutem Wetter soll man von der rund 70 Meter hohen äußersten Erhebung der Lieberoser Hochfläche einen schönen Blick bis zum etwa 15 Kilometer entfernten Ratzdorf haben, wo die Neiße in die Oder mündet.

Passionierte Amateurarchäologen werden auf dem Plateau vielleicht einen Ringwall bemerken, die »Wenzelsburg«, heute freilich kaum mehr zu erkennen. Ein Raubritternest, vermuteten die einen. Reste einer slawischen Festung, versichern die anderen. Expeditionen bemühten sich um die Jahrhundertwende um Klarheit. Eine, unter Beteilung Rudolf Virchows, förderte dann einige slawische Keramiken zu Tage. Der vergrabene Schatz, der über die Jahrhunderte die Gemüter um den Fasanenwald erhitzte, blieb verborgen.

Und wie das so ist mit verschollenen Schätzen, es soll nicht recht geheuer sein im Fasanenwäldchen. Es spukt der Wenzel, Geist jenes ungeliebten Landesherren, der erst nach dem Tode seines Bruders Johannes die Herrschaft antrat. Letzterer starb sehr plötzlich als Gast im Kloster Neuzelle. Gift, munkelten Augenzeugen. Wenig später verschied unter ebenfalls ungeklärten Umständen der Abt, Johannes' Vertrauter. Die Affäre blieb im Dunkeln, die ohnehin lückenhafte Chronik ist um den Tatzeitraum im Jahr 1396 besonders vage. Schwamm drüber, ungeheuerlich ist heute nur noch die Markierung für den Wanderweg.

Balsam für die »Claustrophobia Berolinensis«, wie Michael Winteroll einmal jenes alte Berliner Leiden nannte, das die Tagestouristen aus der Stadt treibt, ist ein Spaziergang in Richtung Oder. Freie Sicht nach allen Seiten garantiert dem Wanderer, er kann sich kaum verlaufen. Wem das zu viel ist, vor dem Portal liegt die Klosterbräu-Gaststätte, täglich geöffnet, wie der Wirt versichert. Die Gaststube macht einen guten Eindruck. Die Brauerei ist allerdings nur dem Namen nach dem Kloster verbunden. Der Bau entstand erst nach dem Brand von 1892. Leider, wie Pfarrer Magiera hinzufügt. Nie hätten die Zisterzienser ein profanes Wirtschaftsgebäude vor ihre Schauansicht gestellt.

Das Klosterbräu ist übrigens nicht unumstritten. Der schwarze Stoff schmeckt süffig, aber um das Prädikat »Bier« gab es Ärger, die Klosterbrauer setzen Zucker zu. Klarer Verstoß gegen das Reinheitsgebot. Die Neuzeller scherte es bisher wenig, sie nennen ihr Bier eben »Bräu«.

Andreas Austilat

TIPPS
ZUR TOUR Rund 120 Kilometer sind es von Berlin nach Neuzelle. Trotzdem ist der Ort mit der Bahn gut und schnell zu erreichen, mit dem RE 1 kommt man zum Beispiel stündlich nach Neuzelle, Fahrzeit etwa eineinhalb Stunden.
Stiftskirche des Klosters Neuzelle:
Im Sommer Mo. bis Fr. 10 bis 12 Uhr, 14 bis 16 Uhr;
Sa. 11 bis 12 Uhr; So. 13 bis 15.30 Uhr;
im Winter Mo. bis Fr. 11 bis 12 Uhr, 14 bis 15.30 Uhr;
Sa. 11 bis 12 Uhr, 14 bis 15.30 Uhr; So. 11 bis 12 Uhr und 13 bis 15.30 Uhr.
Führung nur nach vorheriger Anmeldung, entweder im katholischen Pfarramt, Telefon (03 36 52) 2 82 oder in der Touristen-Information, 15898 Neuzelle, Stiftsplatz 7, Telefon (03 36 52) 61 02.
Die evangelische Kirche ist zur Besichtigung täglich von 10 bis 11 Uhr, 13 bis 14 Uhr geöffnet, der Kreuzgang des Klosters Mo. bis Fr. 10 bis 12 Uhr, 12. 30 bis 14 Uhr; Sa. und So. 12 bis 15.30 Uhr.
Gaststätten: Gibt es in Neuzelle. Die Klosterklause (Brauhausplatz 4) und das »Historische Landhaushotel Prinz Albrecht« haben täglich durchgehend geöffnet.

BERLINS SELBSTBEWUSSTE NACHBARIN

Besuch in Dahme, der ehemaligen Residenz
im Niederen Fläming

In der Mark, wo vieles ist wie einst, bilden immer noch die
Kirchtürme über den Dächern die Silhouette einer Stadt.
Wer sich einmal Treuenbrietzen oder Jüterbog genähert
hat, kennt das. Auch Dahme scheint zunächst keine Ausnahme zu
machen, irgendeine schlanke Angelegenheit überragt
spitzgiebelig die niedrigen Häuser, zweifellos die Kirche.
Beim Näherkommen glaubt man, einen Burgturm zu
erkennen, und erst unmittelbar davor wird klar: Es sind
der Wasserturm und das Rathaus.
Eine bessere Einführung in Eigenart und Eigenartig-
keiten des Flämingstädtchens als diese Irreführung des
Besuchers scheint schwer möglich. Der Rathausturm
selbst (1894) ist merkwürdig genug; Zinnen, Fenster
und Türmchen treibt er in jeder Hinsicht auf die Spitze,
dass es selbst den Berliner graust, dessen Stadt seinerzeit immerhin Abwasserpumpen mit backsteinernen
Ritterhaftigkeiten zu verkleiden pflegte.
Preußens Hauptstadt zu imponieren war sicher be-
absichtigt. Dahme hat immer selbstbewusst auf die große
Schwester im Norden geblickt. Dabei von Größenwahn
zu sprechen, verbietet sich, schließlich kommt ein guter
Teil des durch Berlin fließenden Wassers von hier, die
Dahme entspringt in der Nähe und läuft in großem Bo-
gen über Märkisch-Buchholz und Königs Wusterhausen von Südosten auf Berlin zu.
Man verkehrte gern von gleich zu gleich, von Resi-
denzstadt zu Residenzstadt. Dahme, ursprünglich mag-
deburgisch, kam im Prager Frieden von 1635 an das in
vielfältige Herzogtümer aufgeteilte Sachsen und wurde
Residenz der Linie Sachsen-Weißenfels, einige Zeit als
Witwensitz, aber zwischen 1719 und 1746 residierte

Herzog Johann Adolf II. höchstselbst im Schloss, das er auf den Fundamenten der alten Burg hatte errichten lassen (der unversehrt durch den Krieg gekommene Bau ist inzwischen eine Ruine).

Nach manchem Hinundher wurden die Dahmer 1815 Preußen, gezwungenermaßen. Man sah keinerlei Vorteil darin. 1848 erhob sich die Stadt gegen ihre neue Herrschaft. Preußen griff durch: 194 Einwohner wurden verurteilt; erst das Gnadengesuch eines – auch in Berlin – angesehenen Bürgers führte zu einiger Milde.

Die Berliner Beziehungen waren also gespannt, eng waren sie dennoch. Flusslängs hatte es die Dahmer seit je in die große Stadt gezogen, und Anfang des Jahrhunderts gingen die Mädchen gleich scharenweise vor der Heirat nach Berlin »in Stellung«. Stolz aber blieben sie »aus Dahme gebürtig« und gründeten wie die Bayern und die Badener, die es nach Norden verschlagen hatte, eine »Landsmannschaft« zur Pflege von Zusammenhalt und Geselligkeit in der Fremde. 1956 hat sie sich zum letzten Mal in Dahme getroffen, des Wortes »Landsmannschaft« wegen – wie Schlesier und Ostpreußen! – misstrauisch beäugt von den Behörden. Fritz Schielow, später Angestellter des Heimatmuseums, hat das Treffen seinerzeit gegen Widerstände durchgesetzt. Gegeben haben soll es den Verein in Berlin auch später noch Jahrzehnte lang.

Aber nicht nur Wasser und Dienstmädchen hatte die einstige Residenz an der Dahmequelle der Königsstadt an der Mündung zu bieten. Unter dem 31. Mai 1824 schreibt Achim von Arnim, Gutsherr im nahen Wiepersdorf, an seine Frau Bettina nach Berlin, sie möge sich doch nach dem jungen Unverdorben erkundigen, »nach einer chemischen Abhandlung, die ich von ihm gesehen, scheint es ein junger Mann, der viel versteht«. Der junge Mann, Otto Unverdorben (1806–1873), war Sohn einer reichen Dahmer Kaufmannsfamilie und lebte damals in Berlin. Bereits als 18-Jähriger hatte er Aufsätze zur Chemie veröffentlicht. Arnim, der in Dahme seine Post aufzugeben und einzukaufen pflegte, dürfte dort von ihm gehört haben.

Ein Jahr später schon musste der Chemiker das väterliche Geschäft übernehmen und konnte nur noch nach Feierabend forschen. Dabei fand er 1826 jene »Flüssigkeit von öliger Beschaffenheit«, die seine Zeit im wahrsten Sinne bunter machen sollte: das Anilin, Ausgangsstoff für die synthetische Herstellung vieler Farben und Grundlage für unsere Kleiderpracht seit dem 19. Jahrhundert. Bis dahin hatte es wie seit Jahrtausenden nur natürliche Färbestoffe gegeben.

Nutzen konnte er seine Entdeckung nicht. Er blieb auf seinem Platz unter den Notabeln des Städtchens, wurde zweimal Schützenkönig und gründete die Dahmer Zigarrenindustrie. Verdient haben an seiner Entdeckung andere: Die Tafel am Geburtshaus, 1926 zur Jahrhundertfeier angebracht, hat neben der Stadt die »Badische Anilin- und Sodafabrik«, kurz BASF, bezahlt.

Schenkte Otto Unverdorben sein Werk der Welt und blieb selbst in der märkischen Idylle – die so idyllisch nicht war, 1848 warf man ihm die Fenster ein, weil er gegen die Aufständischen ausgesagt hatte, er verfasste dann aber auch besagtes Gnadengesuch – gelang Friedrich Wilhelm Kullrich (1821–1887) der Sprung ins Ziel aller Dahmer Wünsche, nach Berlin.

In der väterlichen Schmiede gegenüber der Hospitalkirche hatte er gelernt, ließ sich danach zum Medailleur ausbilden, studierte an der Berliner Akademie der Künste und wurde mit den ersten Entwürfen für Medaillen beauftragt: zur tausendsten Borsiglokomotive und zu Rauchs Denkmal für den Alten Fritz, 140 waren es am Ende seines Lebens, darunter 14 Orden.

Dafür aber, dass seine Werke wirklich durch die Hände von Millionen gingen, sorgten seine Münzentwürfe. Neben deutschen Ländern wie Preußen, Anhalt, Mecklenburg und zahlreichen Kleinstaaten ließen Norwegen, Rumänien, Ägypten und Costa Rica ihre Geldstücke mit von ihm gefertigten Stempeln prägen. Als 1873 das frisch gebackene Deutsche Reich daranging, sich mit der Reichsmünzordnung einheitliches Geld zu schaffen, kamen die Entwürfe vom »Königlich Preußischen Hof- und Ersten Münzmedailleur« Friedrich Wilhelm Kullrich:

Das Rathaus
in Dahme

Hätte es sie damals schon gegeben, er wäre Ehrenpräsident der Dahmer Landsmannschaft in Berlin geworden.

Aber Kullrich hin, Unverdorben her: Davon, dass mal jemand hier geboren wurde, wird das Auge nicht satt! Was gibt es hier also zu sehen? Einiges. Dahme liegt noch weitgehend im alten Mauerring, man kann um die

Altstadt herumlaufen, die Häuser, viele davon aus der Zopfstilzeit, bieten das unentstellte Bild einer märkischen Kleinstadt der Jahrhundertwende. Hauptattraktion aber ist das Museum, eines der interessantesten der Mark. Im schönen alten Dahmer Bürgermeisterhaus erinnern die vollgestopften Räumen an die kleinen Museen Dänemarks, in denen auch ein detailseliger Sammeleifer alles zusammengetragen hat, was im jeweiligen Städtchen vom Alltagsleben vergangener Zeiten übrigblieb.

In Dahme werden vor allem Handwerk und frühe Industrie lebendig, neben Unverdorbens Zigarrenfabrikation und Kullrichs Medaillen, die Schuhmanufaktur und der Blaudruck, ein Verfahren, das bis zum Zweiten Weltkrieg bäuerlicher Kleidung auch andernorts die Stoffe lieferte. Dabei machte das Wie die Qualität der Sammlung aus. Der Besucher ist frei, eingeladen zum Stöbern und Entdeckungen machen und versteht am Ende möglicherweise den tüftelnden Menschenschlag, der hier zu Hause ist, ein bisschen besser.

Michael Winteroll

TIPPS
ZUR TOUR

Dahme hat – Preußens Rache – keinen Anschluss ans Bahnnetz, und die alte Kleinbahn hat bereits vor Jahrzehnten den Verkehr eingestellt. Bis Uckro fährt die Regionalbahn, von dort sind es noch 12 Kilometer, Busse fahren zwar, aber wer nicht warten möchte, ruft unter (03 54 51) 9 26 04 von der Telefonzelle oder vom Imbiss gegenüber ein Taxi (Fahrpreis etwa 15 Euro).

Autofahrer gelangen auf der B 101 nach Jüterbog und von dort auf der B 102 nach Dahme (etwa 90 Kilometer).

Wer lieber länger Autobahn fährt, wählt die Strecke Richtung Cottbus bis zur Abfahrt Lübben und gelangt von dort auf der B 102 über Luckau ans Ziel.

Das Heimatmuseum (Töpferstraße 16, Tel. 03 54 51 – 4 93) hat Montag bis Freitag 9 bis 12 Uhr, 13 bis 16 Uhr geöffnet; zwischen Mai und Oktober auch an Sonntagen von 14 bis 17 Uhr. Das Heimatmuseum organisiert auf Anfrage auch Stadtführungen.

MIT FRITZE BOLLMANN
UM DEN BEETZSEE

Märkische Backsteingotik, Klosterbesuch und heitere
Erinnerung an den Barbier von Brandenburg

Warum sollte jeder rechte Berliner einmal ins nahe gelegene Brandenburg an der Havel »gewallfahrtet« sein?
Weil dort zum stillen Neid der Bürger von Frohnau bis
Grünau zwar nicht die Gründungsurkunde ihrer Stadt
aufbewahrt wird (ein solches Dokument existiert gar
nicht), wohl aber das Zeugnis der Ersterwähnung. Gut
gesichert liegt im Brandenburger Domstiftsarchiv das
exakt 54,4 x 45,5 Zentimeter messende, mehrfach ge-
siegelte Pergament. Ein geharnischter Abgabenstreit –
wie aktuell! – zwischen märkischen Altvorderen erstreckte sich anno 1237 auch auf Cölln, das so am
28. Oktober jenes Jahres erstmals schriftlich genannt
wurde. Wahrscheinlich, möglicherweise, vielleicht … Zumindest ist kein älteres Schriftstück bekannt, worin die
Schwesterstädte Berlin und Cölln oder eine von beiden
vorkämen.

Das Archiv gehört zum Dom St. Peter und Paul, und
der ist erst recht eine Tagestour wert. Welche Baumasse!
Was für gewaltige Ziegelmengen! Ganze Batterien von
Brennöfen müssen sie erzeugt, ganze Flotten mittelalterlicher Havelkähne auf der Dominsel angelandet haben.
Am gedrungenen, scheinbar unerschütterlichen Turm
baute noch Karl Friedrich Schinkel mit, der freilich bereits Bedenken gegen dessen Standhaftigkeit anmel-
dete. Gerade in jüngster Zeit bestätigten sich die Be-
funde.

Der vorzüglich restaurierte Innenraum des Komple-
xes aus hauptsächlich romanischen und gotischen Teilen liegt frei in der majestätischen Höhe seiner schwin-
genden Bögen und emporstrebenden Gewölbe. Das
Langhaus, dessen weiße Wände mit dem tiefen Ziegel-
Braunrot der Pfeiler und Rippen höchst dekorativ kon-

MIT FRITZE BOLLMANN

trastieren, setzt sich fort im hohen Chor. Der Blick von dort zurück zum Kirchenschiff rückt die schöne Wagner-Orgel – Schallplatte mit Klangproben erhältlich – auf eine angenehme Sichtebene. Die Krypta unter dem erhöhten Chor ist Gedächtnisstätte für Geistliche, die als Verurteilte des Faschismus starben.

Der Dom muss für das Hinüberwechseln ins Dommuseum nicht verlassen werden; unter den ausladenden Dächern des Bau-Ensembles liegt manches vereint. Also letzter Blick auf die Glasmalereien der Chorfenster, auf den vielfigurigen Böhmischen Flügelaltar, auf den Orgelprospekt von Johann Georg Glume, Schüler und Mitarbeiter Andreas Schlüters – und dann links ab aus dem großen Kirchenraum in den weitläufigen Museumstrakt. Er ist in Begleitung kundiger Führungskräfte zugänglich.

Obwohl umgestaltet, vermittelt der Ostflügel des einstigen Domklosters noch viel vom mönchischen Leben zwischen Wohnzelle und Refektorium (Speiseraum), Kreuzgang und Kapitelsaal. Glücksfall: Die Anordnung und Beleuchtung der Ausstellungsstücke geschah 1985 nach neuerem museologischem Verständnis. Kein Raum wirkt überladen; Vitrinen, Schaukästen und – jawohl – Wandtresore für unschätzbare Urkunden konkurrieren die Architektur nicht nieder. Buchkunst der Reformationszeit, sakrales Gerät, Bibeln aus fünf Jahrhunderten einschließlich vorlutherischer Übertragungen gehören ebenso zu den Sammlungen wie ein reichhaltiger Fundus mittelalterlicher Textilien.

Revue kostbarer Gewandstoffe: Brokate aus Venedig und der Toskana, sizilianische Seide, darauf Reliefs aus Stickerei. Mit dem viereinhalb Meter langen »Hungertuch« wurde zur Fastenzeit der Altar verhüllt. Aus der Nähe tritt eine überwältigende Detailfülle auf ebenfalls gestickten Szenen der Heilsgeschichte hervor. »Nadelmalerei« – es ließe sich schwerlich treffender sagen.

Erinnerungen an Brandenburgs große Zeit. Es ist wahr: Der auch wirtschaftlich bedeutenden Hauptstadt der früheren Markgrafschaft wurde durch den Aufstieg der kurfürstlichen Residenz Berlin das Wasser abge-

Der Fritze-Bollmann-Brunnen in Brandenburg

graben. Doch ist dies allein sinnbildlich zu verstehen, wie sich erweist. Um die Dominsel herum mischen sich die Wellen der Havel mit denen des Beetzsees, des Stadt-, des Schleusen- und des Silokanals. An anderen Stellen bietet eine stattliche Handvoll weiterer Seen, im Rohrwerder sogar »Das Seechen«, reizvolle Uferpartien für wochenlange Spaziergänge. Und auch Namen wie Jacobs-, Neujahrs-, Bruch- oder Büttelhandfassgraben verweisen auf ein charakteristisches Dekorum der ehemaligen Hansestadt – das immer abwechslungsreiche, jederzeit neue Farben und Lichter reflektierende Wasser. Berlin hält sich eine Menge zugute auf seine mannigfachen Brücken; im Verhältnis zur Stadtausdehnung mag deren Zahl in Brandenburg wohl größer sein.

Freilich wird, wer sich über den Mühlendamm der Innenstadt zuwendet, bedrückt den Flächenverfall von Bausubstanz wahrnehmen. Arbeit (und Kosten) für Jahrzehnte! Jeder Anfang ist zu begrüßen, so die Restaurierung des Altstädtischen Rathauses mit seinem backsteinernen Staffelgiebel. Desgleichen begegnet galoppierende Vergänglichkeit dem Brandenburg-Besucher in der Umgebung der Katharinenkirche. Mehrere ihrer ernst-ehrwürdigen Lisenenfiguren harren der Rekonstruktionsfortsetzung.

Gleichwohl ist die Kirche, an der Meister aus Stettin, Mailand und Dresden rühmliche Proben ihres Könnens hinterließen, eine erstrangige Sehenswürdigkeit. Zumal im Winter, wenn kein Laub der umstehenden Bäume den Blick auf den zauberhaften Backsteingotik-Zierrat einschränkt. Kunst, hohe Kunst der kargen Mark – hier wird sie Ereignis!

Weiter nordwestlich die Hauptstraße entlang, und man erreicht reine Erholsamkeit. Den Marienberg nimmt ein glückliches Ensemble aus Promenierwegen, Gartenanlagen, Freilichtbühne, Rollschuhbahn, Gaststätte mit Freiterrasse und Kinderspielplatz ein.

Die Tragfähigkeit des Eises auf dem Beetzsee und seiner international bekannten Regattastrecke für Ruderer und Kanuten bleibt in den meisten Wintern ungeprüft: Wer riskiert schon gern das fatale Schicksal des legendären Fritze Bollmann? Dieser Brandenburger Barbier, in seiner Stadt sogar als Brunnenfigur an der Hauptstraße und als Titelheld eines Heimatspiels verewigt, hatte bekanntlich Pech mit der Angel. Zuerst fiel sie ihm ins Wasser, dann folgte der wohl nicht ganz nüchterne Freizeitfischer selber »hinterdrin«. Die Fama schildert den tragikomischen Ausgang mit unüberbietbarer Moritatenlogik:

> *Nur die Angel ward gerettet,*
> *Fritze Bollmann, der versuff,*
> *und seitdem jeht Fritze Bollmann*
> *uff'n Beetzsee nicht mehr ruff.*

Günther Bellmann

TIPPS ZUR TOUR Im Halbstundentakt verbinden Züge der Linie RE 1 die Bahnhöfe Zoologischer Garten, Wannsee und Potsdam Hauptbahnhof mit Brandenburg/Havel; die Fahrzeit ab Zoo beträgt 37 bis 57 Minuten.
Als kürzeste Straßenverbindung bietet sich die allerdings nicht selten überlastete B1 an, auf der sich zumal die Fahrt durch Potsdam als strapaziös erweisen kann.
Andere Möglichkeit: A 2. Die Entfernung vom Dreieck Drewitz über die Dreiecke Potsdam und Werder bis Brandenburg beträgt 48 Kilometer.

ZU LANDE DEN KÄHNEN FOLGEN

Mit dem Rad oder zu Fuß die Spreewald-Fließe entlang

Mit dem Understatement einer traditionsbewussten alt-ehrwürdigen Stadt weist sich Lübben auf bescheidenem Schildchen als wichtiger Etappenort aus. Wer den Europäischen Fernwanderweg 10 (Ostsee–Böhmerwald–Alpen–Mittelmeer) abläuft, berührt unweigerlich die propere Kommune am Schnittpunkt zwischen Ober- und Unterspreewald. Spree-Furt der Fernwanderer, wo sonst links und rechts Fließe, Kanäle, ja leicht hochstaplerisch zu Strömen beförderte Wasserläufe das Durchkommen unmöglich machen. Nicht Weg noch Steg führen über den Lehmannstrom nahe Schlepzig, keinerlei Brückchen steht zur Verfügung auf den drei römisch durchnummerierten Freiheitskanälen zwischen Kaupen und Leipe, und auch der Diamantengraben im Altzaucher Polder lässt sich trockenen Fußes unmöglich kreuzen. Ganz Brandenburg, sollte man meinen, hat keine Region zu bieten, die weniger geeignet scheint zum Wandern, schon gar im Zuge kontinentaler Nord-Süd-Durchquerung. Weshalb diese Tagestouren-Sammelbände den Spreewald für Wasserexpeditionen mit selbstgepaddeltem Faltboot oder fremdgestaktem Kahn empfehlen.

Richtig ist: Wir teilen da die zwar herkömmliche und sogar romantische, aber doch nur halbe Wahrheit mit. Außerdem sind aus- und höchst ergiebige Fuß- und Radwanderungen ebenda anzuraten. Wie das? Weil der Spreewald eben nicht bloß nass ist. Weil mancher Deich eine stille Promenade bildet, auf der sich nachhaltiges Naturerlebnis einstellen kann. Weil — wer achtet eigentlich darauf? — jede bessere Karte des Gebietes Wanderwege ausweist, Nahwanderwege sozusagen, geeignet, etwa am Nordumfluter entlang von Lübben nach Byhleguhre zu pilgern respektive zu radeln oder spreeabwärts von Lübben nach Schlepzig im Unterspreewald. Also auf nach Lübben, sorbisch Lubin; hier herum teilen alle Ortsschilder zweisprachig mit, wo man sich gerade befindet. Das kleine Stück wohl konservierter Stadtmauer kann man lächelnd übergehen, die Mark hat anderswo mehr zu bieten. Aufmerksamkeit verdient der Schlossturm mit sehenswertem Wappensaal, Ort von öffentlicher Besichtigung, Konzerten und anderen Publikumsveranstaltungen. Eine Fundgrube für Heraldiker oder auch »nur« Freunde farbenprächtiger und symbolreicher Wahrzeichen von Adelsgeschlechtern, Ständen und Städten, insgesamt 114.

Die Westwand des Saales wird beherrscht durch ein Monumentalgemälde des Berliner Malers Oettken aus dem Jahr 1917. Mitten im Ersten Weltkrieg konnte dank der Beharrlichkeit eines Architekten, der den Schlossturm partout vor beginnendem Verfall retten wollte, die Begrüßung des brandenburgischen Kurfürsten Friedrich II. (»der Eiserne«, »Eisenzahn«) vor der Stadt Lübben am 18. Oktober 1448 abgebildet werden.

Das Sieben-mal-vier-Meter-Werk quillt über von handelnden Gestalten. Dem Bürgermeister, der seinem neuen Herrn mit Willkommenstrunk entgegentritt, obwohl die Niederlausitz den Brandenburgern bald wieder vorübergehend abgejagt werden würde. Den ehrerbietigen Honoratioren Lübbens und der Umgebung. Den sorbischen Spreewaldbewohnern, die mit Fischkiste, Eierkorb und Getreidegarben herbeigeeilt sind. Weiter gleitet der Blick über die bemalte Holzdecke des Saales, an der Spreewaldbauernfleiß künstlerisch dokumentiert ist. Es mangelt nicht an typischen Landwirtschaftsprodukten wie Zwiebeln, Gurken, Sonnenblumen, Leinöl, Meerrettich, alles in friedlicher Nachbarschaft zu ornamental gestalteten Löwenköpfen. Dieses Lübbener Bilderbuch erweist sich als unerschöpflich, einschließlich des Kronleuchters aus böhmischem Kristall.

Der Stadtrundgang wäre unvollständig ohne Abstecher zur vormaligen Nikolai-, seit 1930 Paul-Gerhardt-Kirche. Ihr Namenspatron, der protestantische Pfarrer (1607–1676) und vor allem Dichter weltweit verbreiteter

DEN KÄHNEN FOLGEN

geistlicher Lieder, war zu Beginn seines letzten Lebens-
jahrzehnts nach Lübben berufen worden – in ein Städtchen, das der Dreißigjährige Krieg schlimm mitgenommen hatte. Das beschädigte Pfarrhaus brauchte
Reparatur, was Gerhardts Übersiedlung aus Berlin ver-
zögerte.

Als er endlich kam, musste der Rat der Stadt den irdi-
schen Durst des frommen Mannes zügeln. Paul Gerhardt
hielt »auswärtige Getränke«, nämlich »fremd Bier« etwa
aus Bernau, Zerbst oder Torgau für unverzichtbar und

Kahnpartie in
Lübben. Hinter
den Bäumen
die Paul-Ger-
hardt-Kirche

machte dieses Begehren gegenüber seiner neuen vorgesetzten Behörde schriftlich geltend. Die erwiderte kompromisslos-trocken, der neue Mann möge sich gefälligst mit einheimischen Brauprodukten zufrieden geben.

Seit 1907 steht vor der Kirche das überlebensgroße Denkmal des Dichter-Pastors, flankiert durch eine geborstene, von Kornähren überwachsene Kanone. Das Arrangement erinnert an den zurückliegenden Krieg, auf den sich auch Gerhardt-Verse beziehen, eingemeißelt in den Sockel des Monuments: »Gottlob, nun ist erschollen/Das edle Fried- und Freudenwort,/dass nunmehr ruhen sollen/Die Spieß und Schwerter und ihr Mord.«

Das kernigste Urteil über Paul Gerhardts unvermindert populäres Liedschaffen sprach Theodor Fontane. Er nannte das tiefempfundene »Nun ruhen alle Wälder« ein »Musterstück einfachen Ausdrucks und lyrischer Stimmung« und bekannte, jede Gerhardt-Strophe sei ihm »mehr wert als dreitausend Ministerialreskripte«.

Die folgenden Freilicht- und Freiluftattraktionen wurden schon angedeutet: Beide Spreewälder liegen fast in Sichtweite vor der Stadt, und gute Straßenqualität ermöglicht es vornehmlich Fahrradtouristen, zumindest bis zu den weiter entfernten unasphaltierten Wegen gut voranzukommen. Oder bis zu Dörfern wie Straupitz, dessen prächtig renovierte monumentale Schinkel-Kirche mit 1 000 Plätzen schon von weitem wie eine helle Vision aufstrahlt. Allenthalben garantiert die unendlich vielgestaltige parkartige Landschaft einen Naturgenuss, an dem hauptsächlich die majestätische Ruhe überwältigt. Im Herbst schweben lautlos bunte Blätter von den Bäumen herab. Die Fließe verschwinden unter der mählich, allmählich dahintreibenden dichten Laubdecke. Seltene Kähne scheinen regelrecht verwachsen mit ihr, und das Staken des Fährmanns wirkt wie Fortbewegung über einen Teppich.

Solche Eindrücke kann von Land aus eben bloß der Radfahrer oder Fußgänger gewinnen, und wenn ihm – wir sind immer noch im Herbst – die Vogelstimmen fehlen, von denen der Spreewald noch unlängst widerhallte, dann lässt er sich vielleicht durch den weisen sorbischen

DEN KÄHNEN FOLGEN

Fabeldichter Handrij Zeiler (1804–1872) den Zusammenhang deuten:»Wie kommt das, Gevatterin Lerche«, sprach die Bachstelze, »vor der Erntezeit sangst du so schön, dass alle Felder und Erdengeschöpfe von dir entzückt waren. Aber nun, nach der Ernte, magst du kaum den Schnabel auftun?« – »Haj, tehdy mejach ja starosc a nuzu wo zivnosc a mlode, ale netko je to wso zaslo.« Soll heißen: »Ja, damals hatte ich meine liebe Not und Plage mit der Wirtschaft und den Jungen, doch jetzt ist alles vorbei.«

Günther Bellmann

TIPPS ZUR TOUR

Im Stundentakt verkehren ab Berlin-Schöneweide (dorthin mit der S-Bahn) die Züge der RB 14 nach Senftenberg über Lübben; Fahrzeit rund 50 Minuten.
Motorisierte Tagestouristen können zwar die Autobahn A 13 Berlin–Dresden bis zur Ausfahrt Freiwalde benutzen, doch ist der Weg »über die Dörfer« auf der B 179 vor allem wegen zahlreicher Allee-Passagen vorzuziehen. Hinter Neu Lübbenau rechts ab und auf ordentlicher Landstraße am Ostrand des Unterspreewaldes nach Lübben.

»REIZVOLL UND UNBEKANNT ZUGLEICH«

Entlang der Löcknitz zum Dorf Kagel –
Ein Streifzug mit literarischem Hintergrund

»Die Löcknitz ist eines jener vielen Wässerchen in unsrer Mark, die, plötzlich aus einem Luch oder See tretend, auf eine kurze Strecke hin einen Parkstreifen durch unser Sand- und Heideland ziehen. Keines ... aber ist vielleicht reizvoller und unbekannter zugleich«, lautet eine Fußnote bei Fontane. Und die Löcknitz, lässt sich hinzufügen, gibt es zweimal: Als schiffbaren Graben, der Möllen-, Peetz- und Werlsee miteinander verbindet, auf dem man Dampferfahren kann und als einsames Wiesenflüsschen. Lediglich den Unterlauf bis zur Mündung bei Erkner und den Namen haben beide gemeinsam. Dieser Ausflug gilt dem Wiesenflüsschen, das auch Fontane gemeint hat.

Fünfundzwanzig Kilometer ist der Rundkurs lang, wer gut zu Fuß ist, kann ihn sich erwandern, als Radtour ist er bequem zu schaffen. Mit der S-Bahn geht es zunächst bis Erkner und von dort zwei Stationen Richtung Fürstenwalde zum Bahnhof Fangschleuse. Angekommen überquert man die Gleise, folgt der Chaussee 400 Meter nach Norden bis zur Löcknitzbrücke und gelangt rechter Hand am Kriegerdenkmal vorbei auf den Wanderweg flussaufwärts.

Ein wunderschöner Weg; vom Waldrand blickt man in die Flussaue auf Wiesen, Erlen und Weiden. Fontane meint dazu:»Immer dieselben Requisiten gewiss; und doch, wer an dieser Stelle spätnachmittags an der Grenzlinie zwischen Wald und Wiese dahinfährt, dem eröffnet sich eine Reihe der anmutigsten Landschaftsbilder. Hier dringt der Wald von beiden Seiten vor und schafft eine Schmälung, dort tritt er zurück, und der schmale Wiesenstreifen wird entweder ein Feld oder das Flüsschen selber ein Teich, auf dem im Schimmer der untergehenden Sonne die stillen Nymphäen schwimmen.« Wir befinden uns auf einem Naturlehrpfad, ab und zu nennt ein Schild den Namen einer Pflanze. Nach etwa zwei Kilometern biegt die Löcknitz im rechten Winkel nach Süden, ohne dass der Weg ihr folgt; eine gute Stelle für ein erstes Picknick mit Blick in die weiten Wiesen.

Die Strecke führt nun schnurgerade auf Klein Wall zu. Zwei, drei alte Gebäude. Über eine Brücke wechselt der Wanderweg das Ufer. Von nun an geht es in ziemlicher Entfernung vom Wasser durch den Wald, bis nach sieben Kilometern das Dorf Kienbaum auftaucht. Ihm, seinem Charakter als Imker- und Heidedorf vor allem, hat Fontane jenes Kapitel im Band »Spreeland« seiner Wanderungen gewidmet, in dem sich auch besagte Fußnote über die Löcknitz findet. Man folgt der Dorfstraße, bis rechts eine Neubausiedlung beginnt, hier biegt man nach links am Zaun der ehemaligen Internationalen Sportschule – von ihr war in den vergangenen Jahren anlässlich der Prozesse um das Doping zu DDR-Zeiten die Rede – entlang auf den schmalen Fahrweg. Er führt in Sichtweite des Liebenberger und des Bauernsees nach Kagel.

War bisher Fontane Begleiter und Wegmeister, tritt jetzt ein anderer an seine Stelle, wenigen dürfte der Name bekannt sein: Moritz Heimann (1865 – 1925). Er war es, der als Kritiker für den unnachahmlichen Erzählstil des alten Fontane, dieses scheinbar spielerische Schwingen vom einen zum anderen, das Ziel dennoch fest im Auge, die Bezeichnung »Spazierschreiben« gefunden hat; viel zitiert seitdem, kaum einer kennt den Urheber.

Aber nicht wegen eines glücklich gewählten Wortes soll hier auf dem Weg in sein Geburtsdorf Kagel an ihn erinnert werden. Heimann war mehr als nur Literaturkritiker. Durch drei Jahrzehnte, von 1895 bis zu seinem Tod, war er der Lektor Samuel Fischers und damit so etwas wie der Lektor schlechthin in Deutschland, denn S. Fischer war vor dem Ersten Weltkrieg der maßgebende Verlag für moderne Literatur: Gerhart Hauptmann, Henrik Ibsen, Hugo v. Hofmannsthal, Arthur Schnitzler, Thomas Mann und viele andere wurden von

Fischer und Heimann entdeckt, durchgesetzt oder verlegerisch betreut.

Wo Heimann bei einem der zu Hunderten eingehenden Manuskripte Spuren von Talent entdeckte, bestellte er Autor oder Autorin zu sich nach Hause, entweder in die Gartenhauswohnung in der Charlottenburger Knesebeckstraße oder in sein ländliches Refugium nach Kagel.

»Wenn Sie wüssten, wie, wenn ich die Treppe zu Ihnen hinaufeile – die wie zu einem dämmrigen Heuboden hinaufführt, durch dessen enges Fenster man hinaussieht auf die weite, schweigende Oktoberheide –, die Empfindungen sich in mir überstürzen ...«, schrieb der später als Lyriker bedeutende Wilhelm Lehmann dem Förderer und Freund mit dem Enthusiasmus des 20-Jährigen.

Von der Heide sieht man dank Landwirtschaft und Sommerhäuschen nur noch Reste, wie vom Kageler Schloss, das auf einer alten Postkarte mit seinen Türmen am Ufer des Bauernsees prangt; von ihm blieb nur kurz vor dem Ortseingang eine große Fachwerkvilla, ehemals Nebengebäude. Wir biegen nach rechts in die Dorfstraße und hören einen Moment Moritz Heimann zu: »Aus mei-

Die Schmiede in Kagel

nem Heimatdorf hatten die Zisterziensermönche kolo-
nisierend nach Rüdersdorf hinübergegriffen, hatten den
nutzbaren Stein gefunden und darüber ihr Feldkloster bei
uns vernachlässigt. So hat man mir in jungen Jahren erzählt; wenn ich nach der Stätte des Klosters fragte, hieß
es, es sei in den See gesunken und nichts davon übrig
geblieben, als die Glocken unserer Kirche, bis auf eine,
bei deren Bergung ein Fischer geflucht habe, worauf sie
eine Stimme vernehmen ließ: ›Anne Susanne, komm nim-
mer zu Lanne‹ und für immer unterging.« Und er fügt
hinzu: »Es war die einzige Sage, die bei uns lebendig war,
und wir teilten sie noch dazu mit fast allen Dörfern der
Mark, die eine Kirche und einen See haben.«

Heimann war mit Gertrud Marschalk verheiratet, deren Schwester Gerhart Hauptmanns zweite Frau war.
Hauptmann, der einst im nahen Erkner »Der Biberpelz«
und »Bahnwärter Thiel« geschrieben hatte, jene frühen
Werke, auf die sich sein Ruhm gründete, wurde ein häu-
figer Gast in Kagel. Dritter in der Runde war dann
manchmal Bertold Dalibor, Dorfschmied und mit Heimann befreundet. Dalibor, Brandmeister der Kageler
Feuerwehr, glänzte dabei mit Anekdoten über myste-
riöse Brände; Betrügereien zum Schaden der Feuer-
versicherungen waren damals an der Tagesordnung.
Hauptmann haben die Geschichten zu der Tragikomö-
die »Der Rote Hahn« angeregt, Dalibor und Heimann
treten darin als Spritzenmeister Langheinrich und Arzt
Dr. Boxer auf.

Die Schmiede gibt es noch, ein paar Hausreihen vor
der Kirche auf der rechten Seite; bis in die 70er Jahre
hinein wurden hier Pferde beschlagen und Pflüge repa-
riert.

Zwei Häuser weiter, Nr. 22 auf der Ecke, steht Hei-
manns Geburtshaus, seine Eltern betrieben darin einen
Kramladen. »... Ich lebte ..., die Tages- und Jahreszeiten
von Dorf und Dorfjugend als ein derber, untersetzter,
kräftiger Bursche mit, trieb mich herum ... half beim
Viehhüten, griff Krebse unter den Weidenstumpfen des
Fließes und scheute mich nicht, sie am Flackerfeuer zu
rösten.«

Auf dem Weg in die Dorfstraße zurück überquert man den kleinen Graben, der Baberow- und Bauernsee miteinander verbindet – Kagel liegt hübsch: hier dürfte der kleine Moritz Heimann in der Abenddämmerung die Steine nach Krebsen umgedreht haben.

Links ginge es jetzt zurück nach Kienbaum, wir folgen rechts der Straße Richtung Grünheide. Der Weg führt durch den Wald. Nach drei Kilometern ist der Möllensee erreicht und bald darauf Alt-Buchhorst, in das man links einbiegt.

Der Blick streift über den Peetzsee hin, Grünheide am anderen Ende ist kaum zu sehen, eine Landzunge liegt dazwischen. Von dort führt ein Kanal in den Werlsee. »Fährt man nun«, heißt es einmal bei Heimann, »von Erkner ... los, so hat man einen Weg durch See, Flusslauf und immer wieder See ins Herz einer Landschaft hinein, die so bequem erreichbar wie abgelegen ist. Ein Idyll, das unzerstörbar scheint: Ich bin einsam, scheint es zu sagen, und ihr könnt kommen, soviel ihr wollt, meine Einsamkeit zu teilen; ihr teilt sie nur, ihr stört sie nicht.« Trotz manchem Haus, das seitdem entstand, stimmt das beim Blick über den See immer noch.

Wieder auf dem Rad, fährt man die Hauptstraße von Buchhorst weiter bis zum Ende und dort rechts am Wald entlang auf Grünheide zu. Rechts blinkt der See, ein Abschiedsgruß des Lektors und Dichters.

Wir sind wieder an der Brücke über die kleine Löcknitz angelangt und blicken im Fontaneschen Nachmittagslicht das Flusstal hinunter; zur Bahnstation für die Rückfahrt sind es nur noch ein paar hundert Meter.

Ironisch heißt es bei Heimann zum eigenen Geburtsort: »Sein Name ist Kagel, und ein europäisch berühmter Mann gestand mir vor kurzem, er habe nie von diesem Ort gehört; das will ich wohl glauben.«

Michael Winteroll

TIPPS ZUR TOUR Man kommt leicht hin: Mit der S-Bahn bis zum Endpunkt Erkner, von dort fährt stündlich die Regionalbahn in wenigen Fahrminuten zum Bahnhof Fangschleuse.

ZUR KAISEREICHE
AM SPITZBUBENWEG

Das »Haus des Waldes« in der Dubrow schickt
seine Besucher auf Entdeckungsgänge

Der Förster hatte bei der telefonischen Verabredung
empfohlen, den Hinweispfeilen »Naturschutzstation« zu
folgen. Die aber ließen sich dann nur schwer ausmachen:
Dem berufsmäßig naturverbundenen Forstmann war es
überflüssig erschienen, das Material der Wegweiser zu
erwähnen. Sie sind aus schlichtem Holz gefügt, und der
Großstädter, allenthalben von grellen Werbereizen be-
drängt, tut gut daran, seinen abgestumpften Blick fürs
bescheiden Unauffällige wieder zu schärfen.

Entsprechende Gelegenheit findet sich in Gräbendorf,
südöstlich von Königs Wusterhausen. Die Pfeile, einmal
entdeckt, geleiten den Tagestouristen zur Frauenseestraße. Der »Seegang«, könnte man kalauern, ist dort be-
trächtlich; ob Autofahrer oder Radler – sie müssen von
Schlagloch zu Schlagloch balancieren. Doch der Lohn
nach solcher Beschwerlichkeit lässt nicht auf sich warten. Bald öffnet sich die weite Kulissenlandschaft eines
riesigen Naturtheaters: Breit gestaffelt erstrecken sich
dunkle Kiefern, lichtes Buschwerk, helle Birkenstämme.
Anhalten, staunen …

Hier in der Dubrow (slawisch: Eichenort) herrscht viel-
fach noch das, was die Forstwissenschaft »ursprüngliche
Waldgemeinschaft« nennt, speziell auf den 211 Hektar
Naturschutzgebiet von insgesamt 1 200 Hektar Forst-
fläche. 300-jährige Traubeneichen (ihre Eicheln sitzen
traubenweise direkt auf den Zweigen) sind nicht selten.
Die üppige Bodenflora bietet vom Adlerfarn über das
Waldreitgras bis zum Salomonssiegel, der »Springwur-
zel« des Märchens, botanisch Bemerkenswertes.

Zum Glück ist es nicht so, dass der naturkundlich vielleicht weniger beschlagene Dubrow-Besucher unbera-
ten drauflos wandern und Pflanzen wie Tieren zwar in-

teressiert, letztendlich jedoch fremd entgegentreten muss. Die alsbald erreichte Naturschutzstation in Blockhaus-Bauweise stapelt mit ihrer bescheidenen Bezeichnung nämlich tief; sie entpuppt sich als ein richtiggehendes »Haus des Waldes« voller Informationen. Schon am Zugang zu dem kleinen Areal finden sich Kästen mit Lese- und Bildungsstoff (bitte später zurücklegen!), nie aufdringlich belehrend abgefasst.

Oder erscheinen jemandem eine Naturschutzwerkstatt und ein Öko-Schuppen — beides auf dem Gelände — schulmeisterlich, wo man zum Nistkastenbau und zum Mitnehmen von Kletterpflanzen animiert wird, ja wo sich als Familienbelustigung Gelegenheit bietet fürs Kienäpfel-Zielwerfen? Selten so gelacht, wenn die unberechenbar rundlichen Dinger sonst wohin kullern! Das Wort ist sicher ungewöhnlich, gleichwohl trifft es: Wer da eine Weile zubringt und all die frischen Bestrebungen um erlebnishafte Naturerziehung auf sich wirken lässt, empfindet tatsächlich so etwas wie »Waldgesinnung«.

Laut amtlicher Zielsetzung will das Haus des Waldes Frauensee unter anderem als »brandenburgisches Zentrum forstlicher Öffentlichkeitsarbeit« aktiv sein. Dies schließt eine Waldschule nach schweizerischem Vorbild ein. Wie in der Züricher Sihlwaldschule sind Kinder willkommen. Haupt- und ehrenamtliche Lehrkräfte, auch Zivildienstleistende, begrüßen die Waldschüler morgens mit Hirschkäfer-Stickern, begleiten bei Forstwanderungen, helfen Hütten zu bauen, erzählen Waldmärchen, schlagen Spiele vor, regen an zum Beobachten und Lauschen. Nach dem Mittagessen am Lagerfeuer ist Rücktransport zur Gräbendorfer Bushaltestelle per Pferdewagen möglich. Es kann glatt passieren, dass der Förster zum Abschied das Waldhorn bläst.

Gut drei Viertel des Reviers Dubrow, gelegen zwischen den Bundesstraßen 246 bzw. 179 im Norden und Westen und dem Hölzernen bzw. dem Schmöldesee im Osten und Süden, gehören zum Erholungswald. Der ist gut erschlossen durch Parkplätze, Sitzgruppen, Abfallbehälter. Wer dennoch wild darin herumkarriolt, kann sich also nicht mit dem Mangel an sozusagen zivilisatorischen Einrichtungen des Waldschutzes herausreden. Die Absperrungen der Parkplätze sind strikt einzuhalten, um den Wald als Ruhezone für Tier und Mensch zu bewahren.

Das Forsthaus, der Naturschutzstation benachbart, hat eine lange Geschichte: Es geht zurück auf friderizianische Zeit. Damals, vor mehr als 200 Jahren, wurden Preußen durch Majestätserlass derartige Backsteinbauten in großer Zahl verordnet – stets mitten im jeweiligen Revier, ohne Rücksicht auf oft bedeutende Entfernungen zu Dörfern. Anders als beispielsweise in Sachsen und Thüringen, wo sich Forsthäuser meist an Ortsrändern befinden, stehen sie hier einsam. Ähnlich abseits wie Frauensee: die umliegenden Forsthäuser Hammer, Köris, Sauberg, Prieros. Durch die Dubrow führen drei Hauptwanderwege. Einer umrundet im Süden das Naturschutzgebiet, zu dem 27 Hektar Naturreservat gehören – Urwald, Betreten selbst dem Förster verboten. Die erwähnte »ursprüngliche Waldgemeinschaft« hat sich im Naturschutzgebiet besonders gut erhalten, Baumveteranen von 350 Lebensjahren kommen vor.

Der nächste Weg, nördlicher, führt die Vielfalt hiesiger Gehölzarten vor und eine Wacholderheide. Beim dritten dominieren Nadelbäume, obwohl er auch die gewaltige, uralte Kaisereiche am Spitzbubenweg berührt. Den nutzten früher Holzdiebe, um sich am Forsthaus Dubrow vorbeizuschleichen. Ungesehen, meinten sie, und waren peinlich überrascht, wenn ihnen der Förster als mitnichten schlechterer Kenner seines Reviers auf die Schliche kam.

Gleichsam die Essenz des Reviers vermittelt – zur Einstimmung, zur Vertiefung, zum Aha-Erlebnis für die ganze Familie – ein Waldlehrpfad. Er entstand in Verantwortung der Naturschutzstation und wird von ihr als verbesserungsfähiger Versuch betrachtet; ergänzende und kritische Hinweise sind ausdrücklich erwünscht. Die zweistündige Wanderung beginnt vor der Station, wo (wie passend) die Eiszeit ein paar stattliche Findlinge abgelegt hat. Der 15-seitige Lehrpfadführer aus dem Leihkasten knüpft daran Rückblicke, die nicht jedermann geläufig sein werden: Teufelssteine hatten die Brocken ehemals im Volk geheißen, weil sie als Satanswerke oder gar als Wurfgeschosse des Bösen gegen Kirchen galten. Im Weiteren ist Bekanntschaft zu machen mit Krummholz-Anpflanzungen (Lebensräume nicht bloß für Vögel und Insekten, sondern ebenso für Lurche), mit Nesthügeln der Roten Waldameise, geschworener Feind der Larven vieler Forstschädlinge, oder mit der Spätblühenden Traubenkirsche. Sie zeigt an, dass der scheinbar ewige Wald sehr wohl stetiger Veränderung unterworfen ist: Das raschwüchsige, anspruchslose nordamerikanische Gehölz breitet sich gegenwärtig im Berliner Umland stark aus.

Am Forstort »Drei Birken«, Pfadposition 16, bietet sich schöner Blick auf den Frauensee. Deutlich heben sich die verschiedenen Wasser- und Verlandungszonen voneinander ab — die offene Seefläche, die Schwimmblatt- und Laichkrautzone mit untergetaucht lebenden oder Blätter und Blüten über den Wasserspiegel entsendenden Pflanzen, das Röhricht, das Großseggenried, schließlich der Sumpf- und Bruchwald.

Das Lächeln des Sees sollte allerdings besser nicht als Badeeinladung verstanden werden. Fachleute sehen das Gewässer vom biologischen »Umkippen« bedroht und verweisen Schwimmer auf die Seenkette südlich und östlich der Dubrow. Überhaupt muss mancher Rückschlag im Revier registriert werden. Gut, Milan und Eisvogel, Libelle und Schwarzwild halten sich, nachts sind Fledermaus und Waldkauz zugange. Doch die Graureiher haben ihre Kolonie längst endgültig verlassen; es ist zwecklos, sich nach den großen, in einigen Wanderführern weiterhin erwähnten Vögeln die Hälse zu verrenken. Von den böswilligen Nachstellungen, die der streng geschützte Hirschkäfer erleiden muss, können die Förster nur mit bebendem Zorn berichten.

Günther Bellmann

ZUR KAISEREICHE

Dubrow-Wanderer und -Radfahrer gelangen im 20-Minuten-Takt mit der S 46 zunächst nach Königs Wusterhausen, von wo aus Fußgänger den Autobus Richtung Prieros bis Gräbendorf benutzen.

TIPPS
ZUR TOUR

Radler und Autofahrer nehmen die B 246 nach Gräbendorf. Dort orientieren sich dann alle zur Frauenseestraße und werden von Hinweispfeilen zum Haus des Waldes geleitet.

FONTANE, SUDERMANN UND PFARRER PETERS

Das Dorf Blankensee und seine Schätze

Der Mann hatte es eilig. Kaum hatte Fontane den Wagen im Schatten einer Linde untergestellt, da begann er auch schon mit seinen Nachforschungen. Park und Schloss waren ihm trotz des schönen Wetters nur einen kurzen Rundgang wert. Es war der sagenumwobene Kapellenberg, der den märkischen Wanderer nach Blankensee rund 40 Kilometer südlich von Berlin geführt hatte. Zielstrebig befragte Fontane einen Schäfer, fand ohne Mühe die gesuchte Erhebung, einen Ausläufer der Glauer Berge, ein kaum mehr als 90 Meter hoher Höhenzug östlich der kleinen Gemeinde. Auf der Spitze vermutete Fontane nicht nur eine gotische Kapelle, er wusste auch von der märkischen Sage, die von einem Schatz in eben jener Kapelle berichtete.

Der märkische Wanderer mit dem untadeligen Ruf, ein Jäger des verlorenen Schatzes? Dazu war Fontane denn wohl doch zu realistisch. Immerhin, die Neugier trieb ihn auf den Hügel. Hinter einem Bocksdornstrauch fand er die Ruine, ohne großes Engagement drehte Fontane ein paar Büsche beiseite, erblickte »unter seinem Gezweige nichts als einen Haufen allerfleißigster Ameisen«.

Fragt man heute, über 100 Jahre später, nach dem Kapellenberg, erntet man in aller Regel ein mitleidiges Lächeln. »Da ist nichts«, heißt es. Vor ein paar Jahren ermahnte mich ein alter Mann sogar noch: »Jungchen, geh nicht so weit rein in die Berge. Da sind die Russen.« Nun, die Russen sind längst weg. Die Sache ist leicht. Ein Wanderweg, markiert mit rotem Balken auf weißem Grund, führt den Hügel hinauf durch das Unterholz. Der Pfad ist Teil des »Fontane-Wanderwegs« und soll am Nordrand der Glauer Berge entlang 14 Kilometer weit

FONTANE, SUDERMANN UND ...

nach Trebbin führen. Wir haben es nicht probiert, zu viel hielt uns in Blankensee zurück.

Der Schatz zum Beispiel. Doch welche Enttäuschung, auf der Kuppe keine Spur von jener Kapelle, die Fontane als gotisch beschrieb, ein Fragment aus dem 14. Jahrhundert. Nur ein paar Ziegeltrümmer, Feldsteine, karge Reste unter einem Fliederbusch verborgen. Und eine nicht mehr ganz frische Grube. Unentwegte Schatzsucher gibt es offenbar immer noch.

Aus der Traum. Doch Blankensee hat mehr zu bieten als flüchtige Träume von sagenhaften Schätzen. Den Herrensitz etwa, Domizil derer von Thümen, die beinah 500 Jahre hier von sich reden machten. Manchmal unrühmlich wie jener von Thümen, der hoch zu Ross die familieneigene – und gut erhaltene – Loge in der Dorfkirche stürmte und sich dabei den Hals brach. Alte Blankenseer erzählen die Geschichte heute noch hinter vorgehaltener Hand. Man sagt nicht offen Schlechtes über die Herrschaft. Von anderen erzählen die Blankenseer dagegen gern. Von Christian Wilhelm von Thümen zum Beispiel. Der ließ 1739 das barocke Schlösschen an jenem kurzen Stück der Nieplitz zwischen Grössinsee und Blankensee errichten, das heute zur Touristenattraktion werden könnte. Nicht, dass der Ort ein Schloss nötig hätte. Seit Jahren schon belegt Blankensee beim

Römisch geht es zu im Blankenseer Schlosspark

»Schönstes-Dorf«-Wettbewerb vorderste Plätze. Immer noch zu Recht, wie wir finden, wenngleich der Ort ein kleines bisschen von seinem ursprünglichen Charme eingebüßt hat. Von mir aus wäre es nicht nötig gewesen, die vormals ungepflasterte Dorfstraßen zu befestigen. Und der allererste Eindruck ist ein fataler: Im einstigen Rinderzuchtbetrieb vorn an der Straße hat sich nämlich ein Fensterhersteller niedergelassen und wirbt nun offensiv für sein Handwerk. Gut, den Blankenseern seien die Arbeitsplätze gegönnt. Aber, wir schweifen ab, zurück zum Schloss. Das ist picobello wieder hergestellt, ebenso wie der Park. Es ist noch nicht allzu lange her, da fanden wir in einer römischen Loggia in besagtem Park den Hausherren. Verborgen unter allerlei Gerümpel und mit Dreck bekleckert stand da die Büste Hermann Sudermanns, komplett mit imposantem Bart. Jetzt ist die Büste weg, die Loggia leer aber mit frisch vergoldeten Kapitellen versehen. Die Sachen sind im Lapidarium, wie man hört. Vielleicht werden sie ja im Schloss ausgestellt, im eigens eingerichteten Sudermann-Zimmer.

Sudermann kaufte den Herrensitz 1902 den bankrotten Thümens ab, machte ihn zu seinem Sommerwohnsitz. Der Schriftsteller gestaltete den Park – die Anlage entstand nach einem Lennéschen Entwurf und dem Vorbild des Wörlitzer Parks – nach seinem Geschmack um. Und »Sudermann war ein Sammler vor dem Herrn«, wie Irmela Fliedner, Geschäftsführerin der Hermann-Sudermann-Stiftung in Gütersloh, es ausdrückt. Die Stiftung verwaltet den Besitz des 1928 verstorbenen Sudermann. Mit dem Schloss hat sie freilich nichts mehr zu tun, das gehört heute der Berlin-Brandenburgischen Akademie der Wissenschaften.

Der nicht unumstrittene Dichter führte zeitlebens eine erbitterte Auseinandersetzung mit seinen Kritikern. Die einen feierten ihn als einen der Großen des naturalistischen Theaters, nannten ihn in einem Atemzug mit Gerhart Hauptmann. Andere dagegen rückten ihn in die Nähe der Marlitt, verspotteten ihn, wie Alfred Kerr, der Sudermann gar »als einen Schädling an der Kunst unseres Landes« bezeichnete. Doch dessen ungeachtet hatte Sudermann Erfolg, unterhielt eine Wohnung im Grunewald, kaufte das Schlösschen in Blankensee. Und er investierte in seinen Dichtertraum auf dem Land. Sudermann kaufte Skulpturen, sammelte Statuen, ließ kleine Tempel errichten. Römisch geht es heute wieder zu. Betritt man den Park von Westen, säumen links wie früher Cäsaren-Büsten auf ihren Podesten die einstige »Kaiserallee«, die Nadelholzhecke ist wieder in Form, nur die Nadelbäume vis-a-vis sehen nicht nach Zypresse aus, sondern nach einer Weihnachtsbaum-Galerie.

Die Statuen im Park sind als Abguss erhalten, die rauhe Oberfläche der »Pomonia« mit dem Füllhorn unter dem Arm verrät den Beton, ebenso die »Flora« mit Blumenkorb und Blütenkranz auf der Wiese hinter dem Herrenhaus. Glatt dagegen die Haut des »Vertumnus«, der vor nicht allzu langer Zeit noch in der Loggia Sudermanns Büste und allerlei Gerümpel Gesellschaft leistete. Der war echt Sandstein, stand früher einmal gemeinsam mit Pomonia und Flora auf dem Knobelsdorff-Haus in Potsdam. Sudermann hatte die drei 1910 für 15 Taler in Potsdam gekauft.

Der Park selbst hält charmant die Balance zwischen verwahrlost und gepflegt, mal darf man sich als Entdecker am Ufer der Nuthe fühlen, dann wieder als Wanderer in einer Kulturlandschaft. Ein Wunder, wenn man bedenkt, dass das Areal nicht besonders groß ist, ein veritabler Schlosspark en miniature. Das Schloss selbst ist wiederhergestellt, auch der vor Jahren schon abgebrochene Ostflügel. Man hat sich allerdings nicht zur Rekonstruktion entschlossen, sondern einen Quader errichtet, der seine moderne Herkunft nicht verleugnet.

Dass es überhaupt noch etwas zu restaurieren gibt, verdankt die Gemeinde wohl auch dem Engagement von Gerhard Peters, bis zu seinem Tode 1961 Pastor in Blankensee. Hört man ältere Blankenseer von »unserem Herrn Peters« reden, meint man, der Pfarrer sei einem Roman Fontanes entsprungen. Er weist starke Züge jenes Predigers Seidentopf auf, den Fontane in seinem Erstling »Vor dem Sturm« als einen »archäologischen Enthusiasten« beschreibt.

FONTANE, SUDERMANN UND ...

Auch der Pfarrer von Blankensee war »ein Sammler vor dem Herrn«, seine Sammlung sprengte schließlich den Rahmen des Pfarrhauses. Peters legte den Grundstein für das Bauernmuseum, untergebracht in einem Hof aus dem Jahre 1649. Das Bauernmuseum hieß übrigens schon immer so, nicht etwa »Museum der agrarischen Produktivkräfte« wie andernorts. Die Sammlung reicht von der Bronzezeit über die Semnonische Siedlung bis zur Bauernbefreiung in der DDR.

Pfarrer Peters hatte mit Katharina Möller eine engagierte Nachfolgerin bekommen. Die junge Pastorin initiierte mit viel Mut und wenig Geld die Restaurierung der Dorfkirche. Nun ist leider auch sie weg, mit ihrem Mann, einem Orgelbauer, nach Kanada ausgewandert. Ein Verlust, der nicht ersetzt wird. Die Pfarrstelle in Blankensee bleibt unbesetzt, die Schäfchen der Gemeinde werden von außerhalb mit betreut.

Die Kirche wirkt von außen eher unscheinbar in ihrem Rauputz. Innen ist sie für weitere Blankenseer Überraschungen gut. Die Restauratoren sind auf barocke Wandmalereien gestoßen.

Der Taufstein ist ein venezianischer Brunnenstein aus dem 11. Jahrhundert, ein Stück aus dem Sudermann'schen Nachlass. Vor dem Thümen'schen Epitaph und vor dem Relief für Anna von Schlabrendorff hat schon Fontane staunend gestanden.

Die letzte und vielleicht merkwürdigste Überraschung findet sich einige 100 Meter hinter der Kirche – am »Seechen«, wie die Blankenseer sagen. Dort steht im Unterholz die Ruine einer gotischen Kapelle, die jener gleicht, die Fontane auf dem Kapellenberg beschrieb.

Eine Kopie, versichert eine alte Blankenseerin. Wie sie dort hinkam? Noch in diesem Jahrhundert soll es geschehen sein. Ein Berliner Zigarrenkönig, munkeln die einen, Sudermann, glauben andere. Spätestens in 50 Jahren werden sich wohl um diese Ruine neue märkische Sagen ranken. Und in 100 Jahren dürfte dann mit den ersten Schatzsuchern zu rechnen sein.

Andreas Austilat

Das Dorf Blankensee ist mit öffentlichen Verkehrsmitteln leider nur schwer zu erreichen.

TIPPS ZUR TOUR

Wochentags fährt der 608er Bus alle zwei Stunden von Potsdam-Hauptbahnhof in 50 Minuten nach Stücken, am Wochenende wird es noch komplizierter, dann muss man mit dem 643er in Michendorf umsteigen (Information Havelbus, Kundenbüro Telefon 03 31–29 29 66). Von Stücken muss man die vier Kilometer nach Blankensee allerdings laufen. Immerhin, der Weg ist ganz hübsch.

Auch mit dem Auto ist es nicht ganz leicht, die landschaftlich schönste Strecke führt über Ludwigsfelde, Siethen, Jütchendorf und Schiaß nach Blankensee.

Bauernmuseum: Mi. bis Fr. 10 bis 12 Uhr, 13 bis 17 Uhr; Sa. und So. 13 bis 17 Uhr. Zur Besichtigung des Sudermann-Arbeitszimmers im Schloss muss man sich im Museum anmelden: (03 37 31) 8 00 11 oder bei Frau Pahlow, (03 37 31) 8 00 67.

Mahlzeiten, Kaffee und Kuchen gibt es im Gasthaus Schmädicke, Mo. bis Fr. (außer Mittwoch) ab 15 Uhr; Sa. und So. ab 12 Uhr.

Fahrradverleih: Jutta und Jürgen Brauße, Dorfstraße 2, Telefon (03 37 31) 8 00 26.

Die Dorfkirche ist sonntags 14 bis 16 Uhr zur Besichtigung geöffnet.

Geführte Wanderungen bietet die Naturschutzstation Stücken an, Information Stücken, Zauchwitzer Straße 51, Telefon (03 32 04) 4 23 42.

BRANDENBURGS HEITERER SÜDEN

Mittelalterlicher Reichtum und barocker Glanz in Luckau

»Man geht doch schneller um Luckau herum, als man um Berlin mit der Ringbahn fährt!« Schade, außer diesem mäßig witzigen Hinweis auf die Größenverhältnisse scheint dem weiland jungdeutschen Dichter Otto Erich Hartleben, der 1887/88 am hiesigen Amtsgericht sein Referendariat absaß, zu dem Städtchen in der Niederlausitz nichts eingefallen zu sein, was seinen Ruf als großer Spötter rechtfertigen könnte.

Sollte er wirklich keinen Blick gehabt haben für den Marktplatz? Für das groteske Missverhältnis zwischen winzigem Kirchlein – mehr einer Kapelle – und dem 46 Meter hohen Trumm von Turm daneben? Für das eigenartig überbordende barocke Rankenwerk, das die Häuserfassade überzieht, als wäre der Stuck die übrig gebliebene Dekoration eines vergangenen Festes? Der ganze Platz besitzt etwas skurril Heiteres, ja geradezu Komisches: Der Hofnarr unter den Plätzen Brandenburgs!

Konsequenterweise scheinen die Luckauer das Rathaus auch gleich als eine Art Kurkasino gebaut zu haben, als säßen dort die Lustbarkeitsdirektoren zu Rate und sännen auf neue Späße.

Ein ausgesprochen komischer Einfall der Stadtväter war es seinerzeit, jenen in Bronze gegossenen Herrn am nördlichen Platzrand aufstellen zu lassen, der mit aufgerissenen Augen und gerecktem Arm entsetzt auf den Lulatsch von Turm zeigte.

Ach, es ist alles ganz anders. Lustbarkeitsdirektoren wird man heutzutage im Osten Deutschlands überall vergeblich suchen, in Rathäusern schon gar nicht. Und der bronzene Herr war niemand anderes als Karl Liebknecht, in der Pose jenes bekannten Fotos, wie er während des Ersten Weltkrieges in Berlin gegen den Krieg

Der Marktplatz
in Luckau

agitiert. Dafür wanderte er dann in das Luckauer Zucht-
haus, das ehemalige Dominikanerkloster, gleich um die
Ecke (und in dessen Nähe hat man den Bronzemann
denn auch inzwischen aufgestellt, Luckaus langer Turm
auf dem Markt bleibt also unverspottet). Während der
Nazizeit saßen in Luckau viele »Politische« ein, darunter der Dramatiker und Romancier Günter Weisenborn;
er hatte der Widerstandsgruppe um Harro Schulze-
Boysen angehört.

Luckau ist also eine jener brandenburg-preußischen
Zuchthausstädte, wie Cottbus, Spandau oder Brandenburg. Die DDR später hatte großen Bedarf an solchen
Einrichtungen, und das Dominikanerkloster blieb Straf-
anstalt.

Hoch ragen die Zwillingstürme seiner Stadtkirche
St. Marien und Nikolai, etwas abseits vom Markt gelegen,
über die Häuser, und vom Graben her wirkt das steile
Kirchendach gewaltig. Wie so oft in Brandenburg zeugt
in armselig verkrümelnder Nachbarschaft allein die Kirche von früherem Reichtum.

Luckau entstand einst an der Kreuzung der beiden
Handelsstraßen Magdeburg–Cottbus und Leipzig–

Frankfurt/Oder. Seine Glanzzeit fiel in die drei Jahrhunderte zwischen 1200 und 1500.

Ursprünglich war die Stadtkirche eine Feldsteinbasilika, die später zur dreischiffigen Halle erweitert wurde. Das macht sie zu einer Verwandten der Berliner Nikolaikirche – des ältesten Bauwerks von Berlin, wie sie gern genannt wird. Steht man in Luckau vor der mächtigen Westfassade mit den Türmen, fallen die Ähnlichkeiten ins Auge.

Das Seitenportal zum Markt hin sollte man sich genauer ansehen: Sein äußerer Spitzbogen ruht auf Konsolen, die Antlitze tragen, möglicherweise Porträts Kaiser Karls IV. und seiner Gemahlin Elisabeth von Pommern. Der Kaiser hatte der Kirche 1375 eine bedeutende Reliquie geschenkt, das Haupt des Hl. Paulinus: eine Rangerhöhung der Stadt und eine Einnahmequelle, denn Luckau wurde Wallfahrtsort.

Soweit das Mittelalter. Es folgten Stadtbrände und Zerstörungen. Luckaus verkehrsgünstige Lage stellte sich als bedrohlicher Nachteil heraus, besonders, wie sich denken lässt, im 30-jährigen Krieg. Auch in friedlicheren Zeiten hörten die Brände nicht auf, 1644, 1652 und 1671, fast kommt einem der makabere Verdacht, die Luckauer hätten das mit Absicht gemacht, um die leeren Seiten ihrer Chronik zu füllen.

Danach aber, nach Kriegen und Bränden, erholte sich die Stadt, die 1635 kursächsisch geworden war, und sammelte neuen Reichtum, die Kirche wurde wieder aufgebaut und – des Mittelalters goldene Bilder waren verbrannt – prächtig ausgestattet.

Falls gerade geschlossen ist, scheue man die Mühe nicht und besorge sich den dicken Schlüssel in der Superintendentur wenige Schritte vom Hauptportal der Kirche. Das Monstrum öffnet einem die Tür zur nördlichen Seitenkapelle, in der heute für gewöhnlich Kirche gehalten wird, und man gelangt dahinter in den großen Sakralraum – mit der Oberkirche in Cottbus der bedeutendste der Niederlausitz.

Beklommenheit beschleicht einen. Im Dämmerlicht fällt die Orientierung schwer; links und rechts, über und hinter einem befinden sich Emporen und verglaste Logen, man wird das Gefühl nicht los, beobachtet zu werden, und erwartet jeden Moment, Perücken- und Talarträger die knarrenden Stufen herunterschreiten zu sehen. Nicht das einzelne Kunstwerk macht dieses Kircheninnere einzigartig, sondern seine Geschlossenheit; der Altar (Abraham Jäger 1671), die Kanzel (Andreas Schulze 1664–66), alles sehenswert, aber Vergleichbares gibt es andernorts auch.

Hier dagegen wird das städtische Leben im Barockzeitalter lebendig: Unter dem prachtvollen Orgelprospekt teilten Rats-, Sänger- und Orgelempore den Kirchgängern Funktion und Status zu, seitlich schließen sich Patrizierlogen an, verglast, tapeziert und mit Kachelöfen heizbar: Wer dort oben saß, hörte Gottes Wort sozusagen erster Klasse! Die Luckauer Hautevolee von einst scheint nur einen Moment hinausgegangen zu sein.

Aber auch in ihrer Abwesenheit flüstert die Vergangenheit im riesigen Kirchenschiff unablässig; von Pfeilern und Wänden wispern Inschriften und Epitaphien ihr altertümliches Deutsch oder Latein und erzählen in goldenen und silbernen Schnörkeln von Ämtern und Würden, Voreltern und Nachkommenschaft, Krankheit und Tod, umgeben von allem emblematischen Pomp der Zeit. »Über geschweiftem Sockel mit Relief des Sündenfalls die zweiteilige Vitentafel, flankiert von den Figuren von Glaube und Hoffnung, der Giebel gesprengt durch Kruzifix, auf den Giebelsegmenten zwei Trauernde«, lautet die kunsthistorische Beschreibung bereits eines einzigen, und es gibt Dutzende davon.

Mit so viel Geschichte im Bauch wie nach der eindrücklichen Kirchenbesichtigung erscheint der Marktplatz in anderem Licht: Die pastellfarbenen Fassaden mit dem weißen Zierrat italienischer Stukkateure, wird klar, bildeten ein heiteres Gegenspiel des Alltags zum dunklen Gepränge der sonntäglichen Kirche. Und: Bis hierher, 60 Kilometer vor Berlin, reichte das Sachsen Augusts des Starken und damit, könnte man sagen, die Farbigkeit Süddeutschlands. Guckt man sich dagegen das kasinohafte Rathaus einmal genauer an, kommt es einem eher wie ein preußischer Bahnhof vor: Hier herrscht nicht König Karneval, sondern Ordnung. Und das lange Elend von Turm? Nun, nach einem Dutzend Stadtbränden durch Schaden klug geworden, erhöhte man das alte Gemäuer, so hoch es gehen wollte, und setzte einen Wächter hinauf, den »Hausmann«, nach dem der Turm seinen Namen hat. Das muss geholfen haben, die Brände wurden weniger. Und 1945 bot der Beobachtungsposten auf der Spitze einem einsichtsvollen deutschen Hauptmann genug Überblick, um die Aussichtslosigkeit seiner Lage zu erkennen und das Übergabe-Ultimatum der Russen anzunehmen, sonst hätte man sich den Ausflug hierher wahrscheinlich sparen können.

Seit alters her trägt der Turm eine Uhr. Der russische Kommandant befahl nun, diese habe a) zu gehen und b) Moskauer Zeit anzuzeigen. Lächelnd taten ihm die Luckauer den Willen, sie besaßen Erfahrung mit so etwas. Seinerzeit, 1815, hatten es die neuen Herren genauso gehalten. Das waren die Preußen, und zur Ordnung gehörte Pünktlichkeit. Aber, vertrackt, der Zeit ließ sich nie so recht befehlen, und die Luckauer Uhr ging immer ein bisschen anders, als sie sollte. In den letzten Jahren der DDR, als alles nicht mehr ganz wirklich, sondern nur noch »real« war, tat man ein Übriges und schaffte bei einer Instandsetzung die alten, weise gewölbten Zifferblätter ab, seitdem sorgten Spiegeleffekte dafür, dass oft überhaupt nicht mehr so recht zu erkennen war, was es geschlagen hatte. Gerüchten zufolge soll die Zeit damals einfach stehen geblieben sein. Erst die illusionsfeindlichen Zeiten nach 1990 haben – erneute Reparatur – auch damit wieder Schluss gemacht. Etwas ausgesprochen Schönes – neben den zahlreichen renovierten Fassaden – haben die letzten Jahre auch gebracht: Im Jahr 2000 lud Luckau zur Landesgartenschau. Ein Glücksfall. Behutsam überarbeiteten junge Gartenarchitekten Luckaus alten Grünzug, die Anlagen längs des Stadtgrabens. Privatgärten wurden miteinbezogen, der ehemalige Weinberg samt Lokalitäten restauriert und zum Park umgestaltet, Durchwegungen geöffnet wie an dem

– unter Gerümpel wiederentdeckten – prächtigen einstigen Logensaal der Freimaurer. Und auch ein ganz
neuer Park südlich der Stadt ist entstanden. Von jedem
Punkt bietet dieser Rundgang reizvolle Blicke auf die
einstige Hauptstadt der Niederlausitz: Sie werden das
Kommen nicht bereuen.

Michael Winteroll

TIPPS
ZUR TOUR

Wer kein Auto hat, ist arm dran: Vom Bahnhof Uckro sind
es noch acht Kilometer in die Stadt, und man muss auf den
Bus manchmal lange warten; einfacher ist es, ein Taxi zu
rufen (Fahrpreis rund 10 Euro, Telefon: 0 35 44/30 93 oder
25 88 oder 50 80 90)
Autofahrer gelangen auf der B 96 (Kirchhainer Damm in
Lichtenrade) auf direktem Weg nach Luckau (rund 70 Kilo-
meter ab Stadtgrenze).
Das Fremdenverkehrsbüro Luckau:
Telefon (0 35 44) 30 50, Fax (0 35 44) 50 82 76,
E-Mail: fvvb.luckau@t-online.de
Internet www.niederlausitz.com

WO ANDREAS SCHLÜTERS KARRIERE ENDETE

Kunst, Gesundheit und Natur in Bad Freienwalde.
Ein Museum für Störche

Nicht immer muss es Rheinsberg sein und schon gar nicht Sanssouci. Wer das sparsame, dabei jedoch keineswegs hausbackene Preußen kennen lernen möchte, ist in Bad Freienwalde am rechten Ort. Nanu, könnten sich Tagestouristen wundern – eine Doublette? Unlängst war den Lesern »unter etlichen Freienwalder Sehenswürdigkeiten die zweckdienlichste angeraten« worden, das 100 Jahre alte Oderland-Museum, und zwar als Einstimmung für die Weiterfahrt ins Oderbruch.

Anderes kam dabei zu kurz, zum Beispiel das Schloss. Zumindest nennt es der Stadtplan so, und die kunstgeschichtliche wie die Heimatliteratur halten's nicht anders. Wer davor steht, wird eher an ein harmonisches, ja edel proportioniertes Landhaus von lichter Schönheit denken und allenfalls »Schlösschen« gelten lassen. Trotz klammer Finanzlage auch brandenburgischer Kommunen blüht der umgebende Park. Freundliche Rabatten führen den Blick zum Bau hin, während je nach Standort des Betrachters eine viel gestaltige Baumkulisse obere und seitliche Begrenzungen schafft für das heitere Bild.

Geltungsdrang? Gar Pomp? Nicht die Spur. David Gilly, der Schinkel-Anreger, stellte das Gebäude 1798/99 mit zurückhaltendem Effektbewusstsein genau an die richtige Stelle der überraschend hügeligen Landschaft. Bauherr war eine Bauherrin: Friederike Luise, Witwe König Friedrich Wilhelms II. Freienwalde wurde also hoch achtbarer Witwensitz, was sicherlich zur weiteren Reputation des bereits bedeutenden Städtchens beitrug. In die letzten Lebensjahre des Kurfürsten Friedrich Wilhelm war nämlich die Entdeckung mineralhaltiger Quellen gefallen. Der Landesvater, informiert durch seinen Leibalchimisten Johann Kunckel, zögerte nicht, ab 1684 die Nutzung zu Kurzwecken noch persönlich zu fördern und vorzugsweise gesundheitlich angeschlagenen Offizieren den »Kurgebrauch« nahe zu legen.

Seit 1840 kamen außerordentliche Heilerfolge bei rheumatischen Erkrankungen hinzu, erzielt durch Anwendung von Schwefeleisenmoor. Zweieinhalb Millionen Kubikmeter Moor umfasst der gegenwärtig bekannte Vorrat, so dass im Sanatorium noch für ganze Patientengenerationen Linderung und Heilung zu erhoffen sind. Gleichwohl hat es gedauert, bis sich Freienwalde mit dem begehrten amtlichen Beinamen »Bad« schmücken durfte – erst 1924 war es soweit.

Übrigens bedarf es bloß eines angenehmen Spaziergangs auf der sinnigerweise Gesundbrunnenstraße benannten Verbindung, um vom Schlösschen und dem durch Peter Joseph Lenné stark aufgewerteten Zwölf-Hektar-Schlosspark südwärts in die Freienwalder Heilregion zu gelangen. Dort erwartet den Tagestouristen ein – neben Gilly – zweiter Berliner. Carl Gotthard Langhans (Brandenburger Tor) errichtete das Berghaus, Bestandteil der Kuranlagen. Er war damit glücklicher als sein berühmter Berufskollege Andreas Schlüter, dessen stürmische preußische Karriere just in Freienwalde jäh endete.

An der Stelle des späteren Berghauses hatte er für den ebenfalls kurbeflissenen König Friedrich I. ein Lustschloss errichtet. Als Majestät darin logierte, rutschten bei heftigem Gewitterregen Sandmassen eines angrenzenden Hügels gegen das Haus – Gefährdung des Regenten! Das war zu viel. 1706 hatte nur eiligstes Abtragen den Einsturz von Schlüters Münzturm-Neubau am Berliner Schloss verhindert. Jetzt, zwei Jahre und einen Erdrutsch später, verschwand der Name des genialen Bildhauers, aber mäßigen Architekten aus der Rubrik »Hofbauamt« des Adresskalenders von Berlin.

Im Fortgang der Geschichte blickten die Hohenzollern am märkischen Freienwalde vorbei. Sie pflegten in Bad Ems oder anderswo zu kuren. Kaiser Wilhelm II. verkaufte das liebliche Schloss seiner Ahnin gar. 1909 ging es an den nachmaligen AEG-Präsidenten Walther Rathenau. Als Wirtschaftstheoretiker mit einem gewissen Hang zu staatlicher Regulierung von Handel und Wandel fand er an der inspirierenden Örtlichkeit Muße für die Niederschrift einschlägiger Publikationen. Als Außenminister der Weimarer Republik und Unterzeichner des deutsch-russischen Normalisierungsvertrages von Rapallo waren ihm bis zu seinem frühen Attentatstod Mitte 1922 Freienwalder Stippvisiten kaum mehr vergönnt.

Am Dr.-Max-Kienitz-Weg (bei Einfahrt in die Stadt aus Richtung Berlin eine der ersten Querstraßen links) hält Bad Freienwalde eine Attraktion für botanisch Interessierte bereit: das Haus der Naturpflege. Gut, ein Haus, ein Blockhaus, steht da wirklich. Doch keine Rede von Museum oder dergleichen. Die Hauptsache sind 13 000 Quadratmeter Garten. Der wirkt auf den ersten Blick ziemlich überladen. Auf den zweiten wird Systematik erkennbar – enorme Artenvielfalt bei Nutzung jeden Fußbreits Boden. Der Ginkgo hat die Coloradotanne

Das Schloss in Bad Freienwalde

zur Nachbarin; über Kompost wird nicht theoretisiert, man sieht ihn, sachkundig geschichtet, Nährstoff bildend verrotten. Ebenso nette wie unterrichtete Leute halten mit gutem Rat für den eventuell geplanten eigenen Öko-Garten nicht hinterm Berg.

Abwechslung auf Schritt und Tritt, bis hin zum Begrüßungszitat am Eingang: »Lasst uns unser Glück versuchen, in den Garten gehen und arbeiten!« Sagte ein zeitweilig sehr preußenverbundener Mann der Salons und des Schreibtischs, den es dennoch gelegentlich an die frische Luft und zum Spaten gezogen haben mag – Voltaire. Offenbar ist niemand gefeit gegen die Reize der Natur.

Was den Botanikern recht ist, ist den Zoologen billig – respektive der Spezies Vogelkundler oder wenigstens -sympathisanten. Und wem wäre der Storch nicht sympathisch?! Ein Stück hinter Bad Freienwalde, auf halbem Weg nach Wriezen und direkt an der stark befahrenen B 167, kümmern sich Adebars kein bisschen um den Verkehr 18 Meter tief unten zu ihren roten Stelzfüßen.

Die Vögel klappern von einem alten runden Ziegelbrennofen herab, hoch und sicher, Beobachtungsstand und Beobachtungsobjekt zugleich. Während zu ebener Erde staunende Augen und Kameralinsen um die Wette funkeln, treiben Herr und Frau Storch oben Körper- und Nestpflege: Die Schnäbel fahren bald ordnend übers Gefieder, bald rücken sie einen verrutschten Zweig aus dem Nestgefüge zurecht. Man bleibt gelassen-gravitätisch, wenn das Ästchen verloren geht oder vom Ofen fällt. Ein neues wird umgehend herangeflogen, eingepasst und durch regelrechten Rütteltest auf seine stabile Verbindung mit dem schon verarbeiteten Material geprüft. Scharfer Wind, aber das Nest steht fest.

Bis zu 18 Zentner schwer kann es dank emsiger Nachbesserungstätigkeit seiner Bewohner werden! Solche Kenntnis vermittelt der kreisförmige Innenraum des Ofengemäuers, Deutschlands angeblich einziges Storchenmuseum. Das Storchenpaar in Rathsdorf-Altgaul bewohnt mithin sein eigenes Museum und ist dessen krönende Sehenswürdigkeit, als weit reisender Zugvogel

Freund sogar afrikanischer Bauern. 1600 bekannt fress-
gierige Wanderheuschrecken wurden in einem einzigen
Storchenmagen gefunden! Bei uns zulande besitzt
Adebar einen guten Ruf als Mäusevertilger. 44 Stück,
wurde gezählt, kann er pro Stunde fangen und zum täg-
lichen Vier-Kilo-Nahrungsbedarf einer sechsschnäbeli-
gen Familie beisteuern.

Für derartige Verdienste und wegen allgemeiner Po-
pularität hat er es bis zur Ehre einer Abbildung auf Geld-
scheinen gebracht. Dänemarks Banknoten zu zehn
Kronen aus dem Jahr 1936 zeigen rechts sein Nest.
Kein Märchen – obwohl von der linken Seite desselben
Scheins Hans Christian Andersen blickt.

Inzwischen ist einer der beiden Museumsstörche wieder in sein Jagdrevier geschwebt, eine weite, leicht ab-
fallende und deshalb gut einzusehende Wiese hinter
dem Turmofen. Geht er auf Frösche und Mäuse, oder
vermisst er Heuschrecken? Hauptsache, er bleibt uns
erhalten, der hübsche Vogel, der wohl doch keine Babies
bringt, aber die Landschaft so eigentümlich schön be-
lebt.

Günther Bellmann

TIPPS ZUR TOUR Ab Berlin-Lichtenberg gelangt man stündlich mit der RB 60
zunächst nach Bad Freienwalde, von dort auf derselben
Linie nach Wriezen. Gesamtfahrzeit etwas mehr als eineinhalb Stunden.
Straßenverbindung ist die B 158; ab Ausfahrt Hohenschönhausen des Berliner Autobahnrings 39 Kilometer auf landschaftlich überwiegend schöner Strecke nach Bad Freienwalde. Nach Rathsdorf-Altgaul kommt man nach acht
Kilometern auf der B 167 Richtung Wriezen.

BESUCH BEIM JUNGEN FRITZ

Stadt und Schloss Rheinsberg –
Ein Rundgang nicht nur für Verliebte

»Da können Sie doch gucken, wohin Sie wollen, Kremmen oder Lindow, meinetwegen auch Gransee, alles schöne Städte, aber an Rheinsberg reicht doch keine heran.« Sagt Thea Lipowski. Zugegeben, die 60-Jährige ist nicht ganz objektiv. Denn erstens ist sie hier geboren, zweitens mochte sie in ihrem ganzen Leben nie woanders leben, und drittens gab ihr Rheinsberg Lohn und Brot: Thea Lipowski war Kassiererin in der Kurt-Tucholsky-Gedenkstätte gleich unten im Schloss, bis vor kurzem jedenfalls, bis zu ihrem Ruhestand. Das, werden Sie jetzt denken, verpflichtet natürlich. Stimmt. Weshalb wir es also ein bisschen genauer wissen wollen: Was hat Rheinsberg, was andere Flecken Brandenburgs nicht haben?

Fontane, logisch. Rheinsberg war gewissermaßen Inspiration für seine Wanderungen, wie eine Fata Morgana erschien ihm das Bild des Schlosses am Grienericksee sogar im fernen Schottland. Tucholsky natürlich; seit er Claire und Wolfgang hier lieben ließ, ist Rheinsberg aus der Literatur nicht mehr wegzudenken. Andere werden Rheinsberg aus anderen Gründen schätzen: die Königstreuen wegen des Alten Fritz (der hier noch der junge Fritz war), die Philosophen wegen des Antimacchiavelli (den der offensichtlich gut gelaunte Kronprinz hier verfasst hat), die Kunsthistoriker wegen Knobelsdorff und Antoine Pesne. Letztere haben dem ersten Diener seines Staates den Wohnsitz verschönt. Alles richtig, aber alles auch schon ein bisschen lange her. Denn warum sollte jemand ausgerechnet in Rheinsberg leben wollen, nur weil Tucholsky hier vor über 80 Jahren mit seiner Freundin abgestiegen ist? Rheinsberg ist schön: 1740 bis auf 19 Häuser heruntergebrannt, wurde der Ort von

Knobelsdorff als geschlossenes Ensemble mit schlichter Strenge wieder errichtet, einstöckig am Rand, doppelstöckig in den inneren Straßen, je nach Steueraufkommen der einstigen Besitzer.

Am authentischsten hat sich das modellhafte Bild einer preußischen Kleinstadt in der Tucholskystraße erhalten. Die Mühlenstraße fällt dagegen aus dem quadratischen Rahmen, ist sozusagen aus der Vor-Knobelsdorff-Ära überkommen. Sehenswert ist die Lage am Ufer des Grienericksees und natürlich das Schloss mit seinem Park. Aber Lindow liegt im Grunde noch schöner, Gransee hat eine echte Stadtmauer und Kremmen noch mehr Buckelpflaster. In Rheinsberg dagegen ist man nie allein, tummeln sich im Sommer Hinz und Kunz mit ihren Motorbooten auf dem See, schiebt sich im Hintergrund ein monolithischer Klotz in den immergrünen Horizont, das einstige FDGB-Heim, das im märkischen Forst vor sich hin verrottet. Was also fesselt Thea Lipowski gerade an Rheinsberg?

»Wenn Sie an lauen Abenden hier durch die Stadt streifen«, sagt sie und schaut dabei ganz versonnen, »dann haben Restaurants, Cafés und überhaupt jeder Tische und Stühle rausgestellt, mit Kerzen drauf.« Dann wird geschlendert, oder man steht einfach nur so herum, und aus dem Schlosspark wehen vielleicht ein paar Klänge herüber. Überhaupt – die Musik. Im Sommer tritt hier nun schon seit einigen Jahren die Kammeroper zusammen, kommen junge Musiker aus aller Welt nach Rheinsberg. »Das müssen Sie mal hören«, sagt Frau Lipowski, »wenn die jungen Leute tagsüber im Schlosspark sitzen und üben.« Dann ist überall Musik. Dann offenbart sich der wahre Grund: »Rheinsberg hat Flair«, sagt Thea Lipowski. Mal ganz ehrlich, Brandenburg hat viele schöne Seiten, aber Flair gibt es nun wirklich nicht alle Tage und überall. Und in Orten mit kaum 5000 Einwohnern schon gar nicht.

Nun glauben Sie bloß nicht, dass das schon immer so gewesen wäre. Als Fontane zum Beispiel das Schloss am See aufsuchte, da konstatierte der Chronist angegriffene Bausubstanz, drinnen war eine ganze Stuckwand abgestürzt. Und Tucholsky ist eigentlich nur durch puren Zufall hierher gekommen, weil ihn eine Mappe mit kolorierten Fotos so animierte, wie eine Heimatforscherin herausgefunden haben will. Nach ihm allerdings war der Ort en vogue. Und zehn Jahre nach der Erstausgabe notierte der Autor, mittlerweile hätten Generationen nach dem Vorbild seines literarischen Paares in Rheinsberg »vom Blatt geliebt«.

Nach '45 wurden dann die Liebespaare rarer. Stattdessen zogen die Diabetiker ins Schloss. Und in den Wäldern rund um Rheinsberg herum drängelten sich die Camper. Darunter litt auch das eingangs zitierte Flair, Einheimische und Auswärtige waren sich nämlich nicht unbedingt grün. »Sie müssen sich das mal vorstellen«, erklärt Thea Lipowski die Missstimmung, »Sie kommen um fünf von der Arbeit nach Hause, und die haben in der Zwischenzeit alle Tomaten weggekauft.« Die Wende brachte nicht nur Tomaten im Überfluss, plötzlich traute sich auch keiner mehr zur Kur. Wofür Frau Lipowski eine ganz pragmatische Erklärung über den Tresen raunt: »Was nutzt Ihnen die Gesundheit, wenn hinterher jemand anderes auf Ihrem Arbeitsplatz sitzt?« Die dezimierten Diabetiker wurden also kurzerhand nach Hohenelse umquartiert und damit der lange schwelende Streit entschieden, ob Schloss Rheinsberg nun der Gesundheit oder der Kultur gehört.

Kommen wir also zum Schloss. Obendrauf stehen immer noch Friedrichs Musen, die vier Statuen der Rhetorik, Musik, Architektur und Bildhauerei. Man beachte, wie die Rhetorik mit den Armen fuchtelt. An der Fassade blättert immer noch ein bisschen der Putz. Das sollten Sie aber für sich behalten, denn Thea Lipowski hat die Nörgler satt, die dann immer etwas von einem Eimer Farbe erzählen: »Die wissen ja nicht, was hier schon alles passiert ist.«

Im Schloss hat Detlef Fuchs alle Hände voll zu tun. Der Kustos von Rheinsberg überwacht die wohl nie endenden Restaurierungsarbeiten. Herr Fuchs hat so gar nichts von seinem literarischen Vorgänger, dem massigen Herrn Adler, den Tucholsky die Treppe runterschlurfen

Schloss Rheinsberg

ließ. Fuchs ist hoch zufrieden. Der Marstall ist fertig, der Kavaliersflügel, Sitz der Bundesmusikakademie, auch, der Theaterflügel, einst Ruine, ist praktisch neu erstanden. Im Schloss sind etliche Räume wieder hergerichtet und zur Besichtigung freigegeben, darunter auch Friedrichs Turmkabinett im Klingenbergflügel. Und im kommenden Sommer wird wohl auch des Prinzen Heinrich Sommerwohnung im neuen, oder besser alten, Glanz erstrahlen, feierliche Eröffnung soll im August 2002 sein, zum 200. Todestag von Friedrichs Bruder.

Sogar möbliert sind die Räume zum Teil schon wieder. Und das war wirklich nicht selbstverständlich. Schon kurz nach dem Tod Heinrichs 1802, ließ dessen stets klammer, jüngerer Bruder Ferdinand das meiste versteigern. Inzwischen sind viele Gemälde aus Potsdam und Charlottenburg hierher zurückgeführt. 450 Exponate aus Museen und privaten Sammlungen in aller Welt, darunter auch solche aus St. Petersburg und den USA, sollen bis zum Sommer 2002 als Leihgabe dazukommen.

Schon jetzt hängen hier wieder ein zufrieden dreinschauender Kronprinz Friedrich, sein Bruder Heinrich, die ungeliebte Gemahlin Elisabeth-Christine, meist von

Antoine Pesne gemalt. Nach draußen hat man den gleichen verschwommenen Blick, wie ihn die Zeitgenossen
hatten, die Scheiben sind aus mundgeblasenem Glas.
Und der Muschelsaal, den sich Heinrich vom jungen
Langhans bauen ließ, sieht beinahe unversehrt aus.

Der so genannte Klingenbergflügel, in dem sich die
Wohnung des Kronprinzen und sein Schreibkabinett be-
fanden, ist der älteste Teil des Schlosses. Hier soll Friedrich seine glücklichsten Jahre verbracht haben, hat er
jedenfalls selbst behauptet. Eigentlich ist das schwer
vorstellbar. Denn erstens wohnte er hier auf einer Bau-
stelle, zweitens teilte er die mit einer Frau, mit der er nichts
anfangen konnte (und die er später möglichst weit weg,
nach Niederschönhausen schickte), und drittens hatte
er für königliche Verhältnisse kein Geld. Aber die erste
eigene Wohnung wird eben stets in ganz besonderem
Licht gesehen.

Blick aus dem
Klingenbergturm

Und Friedrich hat was draus gemacht. Natürlich war der Blick aus dem Klingenbergturm ein ganz anderer; der Park um den Obelisken gegenüber entstand erst zu Heinrichs Zeiten. Trotzdem ließ es sich mit dieser Rundumsicht sicher trefflich dienen. Rheinsberg gilt als Fingerübung jenes Teams, das später Sanssouci ausbaute. Und man bewies Einfallsreichtum, Tapeten und Holzarbeiten sind nur vorgetäuscht und aufgemalt, vorzugsweise in Apfelgrün, den Boden ziert kein Parkett, sondern einfacher Dielenboden, die Decke hat Antoine Pesne ausgemalt: Eingangs im Spiegelsaal mit jenem Motiv, das unter dem Spottnamen »Der junge Leuchteprinz vertreibt den König Griesgram« als Allegorie auf die Thronbesteigung Friedrichs gilt, im Klingenbergturm schmückt Minerva, die Beschützerin der Wissenschaften, die Decke. Auf dem aufgeschlagenen Buch stehen die Namen Horaz und Voltaire, den Friedrich in Rheinsberg kennen lernte. Und doch wird Friedrichs Einfluss vielleicht von vielen Besuchern überschätzt. Im Grunde war es Heinrich, der dem Haus seinen Stempel aufdrückte und hier sehr viel länger lebte. Seine Wohnung ist es, die wir heute sehen.

Und nun noch ein Tipp für den gemäßigten Wanderer. Natürlich ist die barocke Parkanlage einen Besuch wert, aber das hat man in Potsdam großartiger. Darum fanden wir auch jenen vom Schloss abgewandten, jüngeren Teil des Parks interessanter, den Heinrich im Stil eines Landschaftsparks anlegen ließ und der auf der anderen Seite in den Wald übergeht. Denn erstens hat man auf dem Weg dorthin einen unvergleichlichen Blick auf die Seeseite des Schlosses, und zweitens gibt es dort einen bemerkenswert schönen Weg. Dazu gehe man immer am Ufer entlang unterhalb des Obelisken vorbei, bis ein Wegweiser auf den »Poetensteig« hinweist. Den lasse man rechts liegen und schlage stattdessen den Weg in den Wald ein, folge dem Wegweiser zum Forsthaus Buberow. Nach wenigen Metern schon durchschreitet man eine schmale Waldallee, gesäumt von den knorrigsten, wohl noch aus Heinrichs Zeit stammenden, mithin über 200 Jahre alten Linden.

An der nächsten Kreuzung gelangt man wieder auf den Poetensteig. Dort wende man sich nach links, rechts liegt eine Waldwiese. Und immer geradeaus, vorbei an einem Schild mit einem Gedicht Bernhard von Clairveaux' gelangt man zum Böbereckensee. Der Weg am See entlang führt zu einem Mausoleum und weiter an der Malesherbes-Säule vorbei zurück in den Schlosspark. Der Spaziergang ist insgesamt nicht länger als drei bis vier Kilometer und unbedingt empfehlenswert.

Andreas Austilat

TIPPS ZUR TOUR

Mit der Regionalbahn gelangt man alle zwei Stunden nach Rheinsberg, Fahrzeit etwa eineinviertel Stunde.

Mit dem Auto erreicht man Rheinsberg entweder auf der Autobahn A 24 in Richtung Rostock bis Abfahrt Neuruppin, weiter auf der B 167 bis Herzberg und auf der Landstraße über Lindow nach Rheinsberg. Oder auf der B 96 über Oranienburg und Löwenberg nach Gransee und dann links ab nach Rheinsberg. Entfernung etwa 100 Kilometer.

Restaurants: daran herrscht kein Mangel, es sollen inzwischen 37 sein.

Tourist-Information Rheinsberg (03 39 31) 20 59, hilft auch bei der Zimmersuche.

Kartenvorverkauf für den Musiksommer auch in Berlin in einigen Theaterkassen. Schloss Rheinsberg ist von April bis Oktober, Di. bis So. 9.30 bis 17 Uhr geöffnet, November bis März 10 bis 16 Uhr (jeweils von 12.30 Uhr bis 13 Uhr ist Mittagspause), Führungen finden regelmäßig statt, vorherige Anmeldung unter Telefon (03 39 31) 72 60.

Und noch ein Tipp für alle, die mit dem Auto anreisen, unmittelbar vor Rheinsberg liegt Köpernitz mit seinem alten Gutshof, den der Förderverein Kulturgutshaus Köpernitz mit viel Engagement herrichtet. Dieses ehemalige Erbzinsgut der einstigen Herrschaft Rheinsberg kann ebenfalls besichtigt werden, Termine und Informationen gibt Werner Dumann unter Telefon: (03 39 31) 3 47 60; Dumann arbeitet als Führer in Schloss Rheinsberg und kennt sich mit der Geschichte der Region bestens aus.

MIT EWALD IN DEN SPREEWALD

Per Rad und Bahn zum Kahn –
Der kurze Weg in den Unterspreewald

Wie kommt man eigentlich am besten in den Spreewald? Eine einfache Frage, auf die es ein paar ziemlich
komplizierte Antworten gibt. In früheren Zeiten war das
anders, da hatte man keine große Wahl: »Als sich der
Postwagen zuerst in Bewegung setzte, glaubte ich, dass
wir ein Erdbeben über die Stadt brächten ...«, beschreibt
der Dichter Achim von Arnim seinen Aufbruch in den
Spreewald 1817. Auch die Wagengenossen konnte er sich
nicht aussuchen: »Die Passagiere waren meist frische
Portepéefähnriche, die in den liederlichen Häusern Berlins sehr gute Verbindungen gemacht hatten«, amüsiert
er sich und vermerkt den hohen Verbrauch von Alkoho-
lika. Langsam voran ging es obendrein, sehr langsam
sogar! Nachdem sie in den Abendstunden von Berlin
losgefahren war, erreichte die kleine Reisegesellschaft
gegen zwei Uhr morgens gerade erst Königs Wusterhausen, wo zu allem Unglück die Achse brach.

Heutzutage fährt es sich gewöhnlich schneller. Was
aber, wenn an schönen Sommerwochenenden der Verkehr vor Bahnübergängen und Ortsdurchfahrten stockt,
in Lübben alle Parkplätze voll, die Fährboote und Restaurants besetzt sind? Dann wird aus dem so hübsch
gedachten Ausflug leicht genauso ein Horrortrip, wie ihn
Achim von Arnim ironisch nach Hause berichtet hat; 24
Stunden war er unterwegs, zweimal brach der Wagen.

Zeit also, sich einer Pressemeldung zu erinnern: »Besonders dem Naturfreund wird ... Gelegenheit geboten,
alle die schönen Punkte unseres romantischen Spree-
waldes, welche uns diese Eisenbahn erschließt, mit
Muße zu genießen!« Die Eisenbahn also. Zwar ist der
Artikel schon etwas älter, beiläufig von 1867, aber die
Strecke ist noch dieselbe, die Vorzüge sind es ebenfalls.

»Die Bahn nach Nirgendwohin« hatten die Berliner gespottet, als der Eisenbahn- und Spekulationskönig Bethel Henry Strousberg die südöstliche Strecke über Cottbus nach Görlitz baute. Bald jedoch fuhren sie in der schönen Jahreszeit vom etwas großartig geratenen Görlitzer Bahnhof in die Sommerfrische. Das geht nicht mehr. Wo die riesige Halle bis nach dem Krieg gestanden hat, planschen heute türkische und deutsche Kreuzberger im Spreewaldbad. Man muss zu anderen Bahnhöfen der Stadt, um die Züge nach Lübben oder Lübbenau zu erreichen.

Mit der alten Görlitzer Bahn kann man aber nicht nur generell Straßenstau und Autostress entkommen, sie bietet sich auch quasi als Hintertür für einen Spreewaldbesuch an, unbehelligt von Sightseeing-Bussen und Touristenströmen. Mit der S-Bahn nämlich, die bis Königs Wusterhausen auch die Strousberg'sche Strecke nutzt. Ganz bequem kommt man aus der Innenstadt ohne langes Fahrplanwälzen nach »K. W.«. Von dort nimmt man einen der zahlreichen Züge zwei Stationen weiter bis Halbe und ist damit beinahe schon im Spreewald. Wer rund 25 Kilometer wandern kann, gehe zu Fuß, ansonsten sind die Räder in der Bahn leicht zu transportieren.

Vom Bahnhof in Halbe erreicht man nach vier Kilometern Märkisch Buchholz, vor der Brücke über den Umflutkanal biegt rechts der Weg nach Köthen ab. Noch einmal vier Kilometer und man ist am Köthener See. Es ginge auch kürzer: Mit der Bahn eine Station weiter bis Oderin und von dort durch den Wald, aber davon rate ich ab: Der Weg besteht aus sehr grobem, spitzem Schotter. Der Köthener See gehört zwar noch nicht eigentlich zum Spreewald, aber alle, die für weitere Anstrengungen zu bequem sind, dürfen sich beim Niedersinken auf die Stühle des Gartenlokals mit dem Gedanken trösten, dass sie – wenigstens geologisch gesehen – die tiefste Stelle jener eiszeitlichen Gletscherrinne vor sich haben, der der Unterspreewald seine Existenz verdankt.

Für die Übrigen führt der Weg nun vom See weg, am Fuß der 144 Meter hohen Krausnicker Berge entlang

Fließ im Unterspreewald

nach Groß Wasserburg: Der Spreewald ist erreicht, ganz ohne Stress und Stau. Am anderen Ende des Ortes, bei der Brücke, hat der örtliche Fährmann seine Kähne liegen.
Wir warten noch auf Mitfahrer, dann geht's los. Eichen und Buchen schließen ein Dach über dem schmalen Boot, einem flachen Fahrzeug aus geteerten Eichenplanken, die einst hierherum gewachsen sein dürften. Obwohl es Sonntag ist, sind wir nur fünf Fahrgäste. Ein Geländewagenfahrer aus dem Norddeutschen hat sich erst nach langem Zureden seiner Begleiterin zur Kahnpartie herbeigelassen und vermisst jetzt lauthals ein Fass Bier und Damenbedienung (er drückt sich anders aus). Ich denke an Arnims Fähnriche und mache mich auf einiges gefasst, aber nach einer Viertelstunde hat das Schweigen der Landschaft auch den Biermenschen still werden lassen. Vogelstimmen, ab und zu ein Schurren des Stakens an der Bordwand sind die einzigen Geräusche.

Freitags und am Wochenende bietet Fährmann Zech Rundfahrten an, werktags muss man Wünsche vorher anmelden. Mein Vorschlag: Man plane etwas voraus und verabrede mit Zech eine Fahrt nach Schlepzig, auf die andere Seite dieser Spreewaldhälfte und anschließend wieder zurück, das spart Rad- bzw. Wanderkilometer, und die Route führt durch den schönsten Teil des Unterspreewaldes. Manche Kenner geben ihr sogar den Vorzug vor den »klassischen« Touren im Oberspreewald um Lübben, Lübbenau oder Burg. Für Schlepzig sollte man dabei rund eineinhalb Stunden Aufenthalt verabreden, um in Ruhe das Museum besichtigen zu können. Wer jedoch lieber von Groß Wasserburg aus mit dem Rad weiterfährt, folgt dem Wegweiser nach Schlepzig und hat eine sehr schöne Strecke längs der Spreewaldwiesen vor sich; jetzt im Juni sieht man Störche das Futter für ihre Jungen sammeln. Nach drei Kilometern stößt die Chaussee auf eine andere, man hält sich links und gelangt nach Schlepzig, dem Ziel unseres Ausfluges. Der Ort ist hübscher als Groß Wasserburg, Spreearme und Gräben durchfließen ihn, es gibt einen kleinen Anleger für Fährboote, man kann auch Kajaks leihen.

Dazu gibt es etwas zu gucken, abschreckenderweise »Agrarhistorisches Museum« genannt.

Das Haus, 1822 als Gehöft des Dorfrichters erbaut, ist eines der schönsten im Ort. Bis 1988 war es bewohnt, danach entschied man sich, es zum Museum zu machen. Das Innere hat außer einer sorgfältigen Restaurierung noch nicht viel zu bieten. Später einmal soll die Sammlung den Blick auf bäuerliche Wohnformen in der ersten Jahrhunderthälfte erlauben. Auch die Geräte in der Scheune bieten keine Sensationen, es sei denn, man hat einen der Dorfalten zum Erzählen und Erklären.

Bis zum Zweiten Weltkrieg wurden hier noch die häuslichen Textilien, Bett- wie Leibwäsche, selbst gewoben, winters, wenn in der Landwirtschaft weniger zu tun war. Für jeden Arbeitsgang von der Ernte des Leins bis zum fertigen Gewebe auf dem häuslichen Webstuhl gab es hoch spezialisierte Gerätschaften. Auch sie wurden früher im Dorf hergestellt. So richtig erklären kann sie nur jemand, der einst noch selbst jeden Handgriff gemacht hat: In ein paar Jahren dürfte das meiste Wissen darüber ausgestorben sein.

Direkt am Kahnhafen in Schlepzig lädt das Hotel und Restaurant »Zum Grünen Strand der Spree« ein, man isst gut, das Bier wird im Hause gebraut, und im Winter (aber dann fahren die Kähne nicht) veranstalten Wirt und Wirtin sogar regelmäßig Konzerte im großen Gasthaussaal: Empfehlung!

Hier in der Gegend war seinerzeit auf des Dichters von Arnim abenteuerlicher Spreewaldreise wieder einmal der Wagen gebrochen. Hatte der erste Unfall bei Königs Wusterhausen noch zu ernsthaften Verletzungen von Passagieren und größeren Aufregungen geführt, war man nun schon beinahe daran gewöhnt und suchte sich die Unterbrechung so angenehm wie möglich zu machen: »Ich sah den Husarenfähnrich ... mit einer ... Dame eifrig im Gespräch; sie sprachen noch von einem kleinen Garten, der zu besehen sei, ich ruhte mich bei einem Glase Wasser aus. Wir wollten fort, warteten, der Postillon blies ... endlich fuhren wir fort, da kam der Fähnrich über eine Hecke setzend zu uns. Er bekannte sogleich, dass er den einsamen Kummer der guten Dame im Gebüsch auf den Ruinen einer Rasenbank soeben geschlossen und durch das Blasen des Postillons sich nicht habe stören lassen.« Der Herr von vorhin mit dem Geländewagen fällt mir ein, vielleicht befördert ja die Einsamkeit der Gegend ausschweifende Wünsche.

Weniger handfesten Naturen empfiehlt sich eher eine Mondscheinfahrt zu zweit. Der Fährmann unweit im Dorf Leibsch bietet sie an. Dessen Eltern übrigens haben seinerzeit bei der Namensgebung viel praktischen Sinn bewiesen und mit ihrer Wahl bei der Taufe bereits den Grundstein zu einem soliden Geschäft des Sprösslings gelegt; ein griffiger Slogan ist im Wirtschaftsleben schließlich die halbe Miete, und so steht auf dem Schild in der Dorfmitte zu lesen: »Mit Ewald in den Spreewald«.

Michael Winteroll

TIPPS ZUR TOUR

Die S-Bahn fährt in einer guten Stunde aus der Innenstadt nach Königs Wusterhausen und die Regionalbahn von dort in 19 Minuten (Stundentakt) weiter nach Halbe.
Von Halbe nach Groß Wasserburg sind es 12 Kilometer.
Der Rundkurs, Halbe, Buchholz, Köthen, Wasserburg, Schlepzig, Leibsch, Buchholz, Halbe beträgt 32 Kilometer.
Fährmann in Groß Wasserburg: Bernd Zech, Haus Nr. 28, 15910 Groß Wasserburg, Tel. (03 54 73) 5 45.
Fährmann in Leibsch: Ewald Büttner, Hauptstraße 32, 15910 Leibsch, Tel. (03 54 73) 20 50.
Landgasthof »Zum Grünen Strand der Spree«
Tel. (03 54 72) 66 20, Fax (03 54 72) 4 73,
E-Mail: spreewaldbrauerei@t-online.de
Agrarhistorisches Museum, Tel. (03 54 72) 2 25, geöffnet: Di. bis So. (November bis März Mo. bis Fr.) 10 bis 16 Uhr und nach Absprache.

REGISTER

REGISTER

REGISTER